烧脑天团

好玩到停不下来的
数独游戏

Burning Brain

李洁 著

中国法制出版社
CHINA LEGAL PUBLISHING HOUSE

前言

何为数独？它可以理解为一种智力填字游戏，利用所提供的数字作为线索，用逻辑推理的方式和排除法，把对应的数字填入空格之中。

在实际操作中，数独有许多规律可循，又因为它所使用的阿拉伯数字是现今国际通用数字，所以数独游戏很容易便发展成风靡全球的“智力填数游戏”。数独游戏，没有年龄限制、没有性别限制、更没有地域限制，只要你喜欢，男女老少各类人群，都可以走进这个看似简单，却奇妙无比的“小小九宫格”中，充分放飞自己的想象力、逻辑推理能力，让自己的思维随着一个个数字，一条条横竖线，跃向无尽的远方，去感悟那成功与失败之间的。

数独游戏有它独特的魅力和乐趣，能让你通过想象、逻辑推理和创新等填数技巧，体验九宫格的变幻无穷。

数独并不是简单的数字在方格中做着简单机械的变化，而是在不同数字的变幻中，隐藏着属于自己的那份玄妙。每一道题都是独一无二的，就像艺术大师手中精雕细琢的艺术品一样，值得深思和回味。相信你已迫不及待地想把自己投身到这片如同精美画卷般的数字海洋中了吧。

本书精选了 297 道数独谜题，并且根据玩家对游戏的不同熟练程度，设有不同层次的谜题，不论你是数独的初级菜鸟还是高级玩家，在这本书里都可以进行尝试和挑战。本书还对数独的起源进行了简单的介绍，读者可以在挑战游戏之余对数独的起源、发展进行一番了解。

因为现代数独与我国古代的九宫格形式上有些相似，所以中国人比较容易接受数独游戏。另外，许多教育工作者对于数独游戏的益智功能也称赞有加。因此，数独已经成为当下广受欢迎的游戏。如果你想要挑战数独游戏，不妨翻阅此书。在动脑筋思考的过程中，你会收获无穷的乐趣。

目录

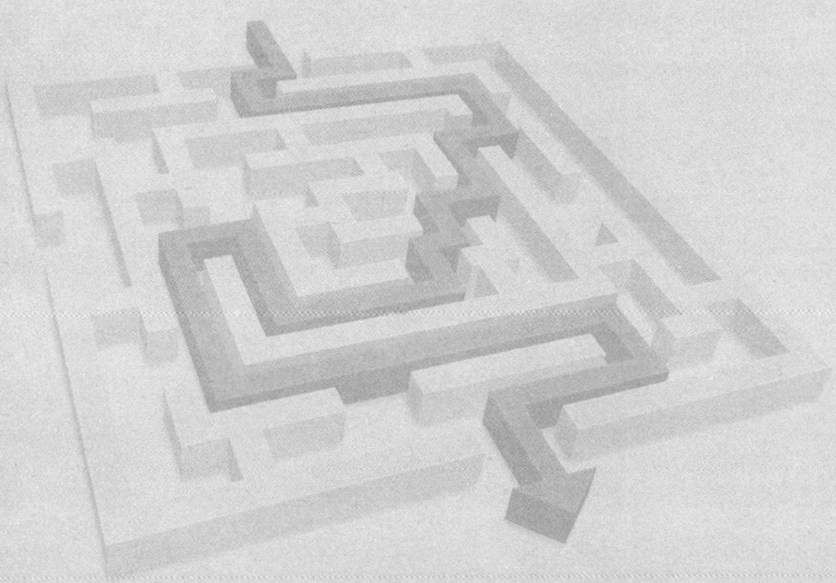

第一章

已知与未知：探寻数独起源

数独的起源

“数独”的概念源于18世纪的拉丁方块，是瑞士数学家莱昂哈德·欧拉发明的。它的意思可以理解为“单独的数字”或者“只出现一次的数字”，是一种数学逻辑游戏。

1707年出生在瑞士的欧拉15岁便大学毕业，17岁获得硕士学位，是有史以来最多产的数学家。

欧拉有着令人惊叹的记忆力和心算能力，而且不仅仅是简单计算，就连高等数学这种常人认为很难的问题，欧拉也能通过心算来轻松解决。晚年时期，一次无情的大火使这位伟大的数学家双目失明，但欧拉依旧凭着惊人的毅力，回忆起自己所做过的研究，并将数十年来的笔记内容全部完整背诵了出来。

欧拉发明“拉丁方块”相传是受到一件事的启发。某国有一支仪仗队，共包含36名军官，分别来自6支不同的部队，每支部队都各出一名少尉、中尉、上尉、少校、中校、上校，这些军官还要排成6×6的方阵，而且各行各列的6位军官还要来自不同的部队，并且军衔也都不相同。国王绞尽脑汁也没有办法，便去请欧拉帮忙。欧拉研究一番，告知对方这是个不可能完成的任务。不过在这件事情上，欧拉却受到了启发，发明了“拉丁方块”游戏，虽然当时这种游戏并没有流传开来，但这便是“数独游戏”的前身。

基本概念

想要解决一个问题，就需要先了解它。就像一道数独题，我们既然想玩数独，当然就需要了解数独中的术语。

单元格和值

数独题包括多种，以 9×9=81 个数字格为例，每一个格子就是一个单元格，每个单元格里面可以填写一个值。那些未完成的数独题中，一部分单元格内已经填有值了，另一部分单元格则为空的，这里的值就需要解题者来填写了。

已知数

在数独题中，单元格内给出的数字是已知数，也叫明数。

候选数

空白单元格中可以填入的数字，即为候选数。通过数字关系可以推断出候选数，并进行最后的排除。

行与列

横为行，纵为列，还是以 9×9 单元格的数独题为例，题目中横向 9 个单元格组成的就是行，而纵向 9 个单元格组成的就称为列。整个数独题由 9 行和 9 列组成，通常用大写英文字母表示行，数字表示列。举个例子，单元格（B，3）所指的就是 B（第二）行和第三列交界处的单元格。如果里面应该填写的数字是 4，我们就称之为它已填入值 4。

区块

区块通常指的是起始于特定位置的 9 个相邻单元格组，如 9×9 数独题中，A1–A3、B1–B3、C1–C3 九个单元格便称之为一个区块。当然，上述表述并不适用于所有的数独题，比如五宫格数独题，就没有这种各个区块之间的区分了。

单元

任何一行、一列或一个区块都可以称之为一个单元，每个单元里面的数字都必须完全不同。例如九宫格，每个单元中都需要由数字 1 到 9 填满，并不可重复。

宫

数独游戏中的基本元素之一，标准数独为 3×3 的 9 个单元格的集合。

行 \ 列	1	2	3	4	5	6	7	8	9
A	**6**					**1**	23 589		
B	**9**	**3**	**18**	**5**	**2**	68	68	**7**	**4**
C			**5**	**3**		**7**	2689		
D	**8**		**6**			**5**	279		**3**
E		**1**					2579	**6**	
F	**7**			**2**			1		**8**
G				**8**		**2**	4		
H	**1**	**8**			**5**	**4**	279	**3**	
I				**9**			2578		**6**

宫　单元格　已知数　候选数

第二章

求解与技巧：解密数独游戏规则

数独强调原创，每一道数独题都只有唯一的答案，它规则简单并且不需要任何其他技巧。通过应用纯粹的逻辑推理并且不需数学计算，这类让人上瘾的谜题给各个年龄段和不同水平的玩家提供了无穷无尽的娱乐享受以及智力挑战。

标准数独是由一个给出了提示数字的 9×9 网格组成的，我们只需将其空格填上数字，使得每一行，每一列以及每一个 3×3 宫都没有重复的数字出现。

数独谜题有成千上万种数字组合，并且涵盖多个难度，你可能得花上 5 分钟甚至几小时去解一道谜题。当然，数独谜题也包含多个性质迥异的变种，而每个变种都提供给玩家各自独特的逻辑挑战方式。数独的解题方法基本上分为两大类：**直观法**和**候选数法**。

直观法，顾名思义就是通过直接观察得出数独题目的解法。一般应用于基础、简单数独的解题，对于刚刚入门的初级数独玩家来说，这种解题方式更容易理解和运用。

而对于已经对数独有了一定了解的玩家而言，或者说喜欢挑战更高难度的数独玩家而言，如果能够掌握直观法中的几种解题方法，那是非常有帮助的。数独直观法解题技巧主要有：唯一解法、基本排除法、区块排除法、唯余解法、矩形排除法、单元排除法、余数测试法等。在这里我们简单介绍两种最常用的解法：唯一解法、基本排除法。

解密招式 1　直观法之唯一解法

唯一解法就是当某行、列或九宫格内已填数字的宫格数已达到 8 个，那么该行、列或宫中剩余宫格内能填的数字就只剩下那个还没出现过的第 9 个数字了，所以称之为“唯一解”。

唯一解法的几种情况：

①行唯一解法

如图所示，已知九宫格内已填入 8 个数字，其中 1 ~ 9 九个数字中唯独9没有出现过，所以空白色格子中应填数字为9，这是行唯一解。

2	4	8	6	7	1	5	3	

②列唯一解法

如图所示，已经填入 8 个数字，其中只有数字 6 没有出现过，所以空白格子中应填数字为 6，这是列唯一解。

3
5
9
2
1
7
4
8

③宫唯一解

如图所示，此九宫格区域内已经填入 8 个数字，只有数字 2 没有出现过，所以空白格子中应填数字为 2，这是九宫格唯一解。

3	5	1
4	6	7
	9	8

④行列唯一解法

如图所示，九宫格内行、列交叉，已知数字 8 个，那么交叉位置的黑色格子应填未曾出现的数字 1，这是行列唯一解。

		9						
	6			7			2	5
		3						
		8						
		4						

⑤行列宫唯一解法

如图所示，九宫格内行、列、宫所属的单元格交叉，已知数字 8 个，那么交叉位置的黑色格子应填未曾出现的数字 8，这是行列宫唯一解。

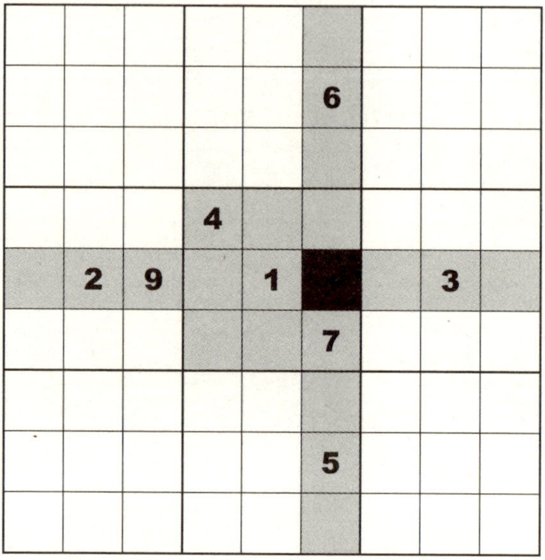

解密招式 2　直观法之基本排除法

基本排除法就是已出现的数字可以排除掉同行、同列、同宫中其他单元格内再填入该数字的可能性。

①行列排除宫

如下图所示，数字 6 排除掉 4 所在的宫中，与数字 6 同行同列的单元格填入 6 的可能性，所以宫中只有黑色单元格可以填入数字 6。

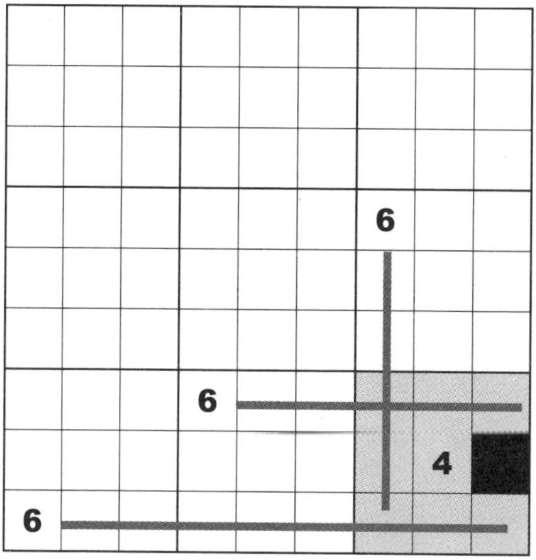

②行列相互排除、宫排除行列

如下图所示，数字 5 可以将同列中第二行、第九行填入 5 的可能性排除，同时也可以将中间宫格填入 5 的可能性排除，因此下图第四列，只有黑色单元格可以填入 5。

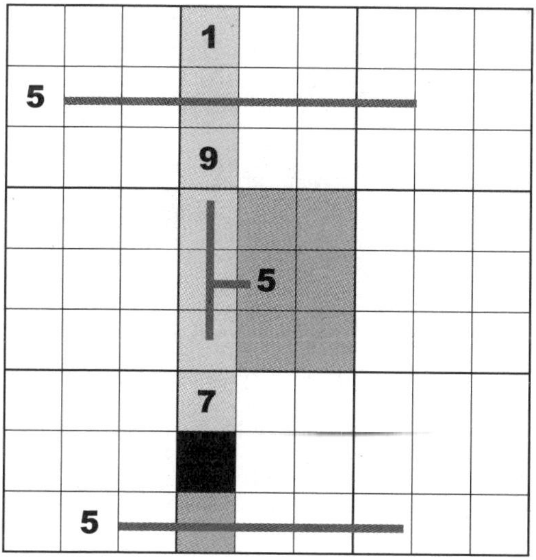

③区块排除

如下图所示，数字 7 排除掉中间宫中三个单元格填入 7 的可能性，那么此宫内只剩下两个单元格可以填入 7，我们可以将这两个格子称作区块（黑色单元格）。

而无论区块中哪个单元格填入 7，其列内的都不可能再出现 7 这个数字。因此可以将下方宫格内本列的三个单元格排除，即下方宫格内只有黑色单元格可以填入数字 7。

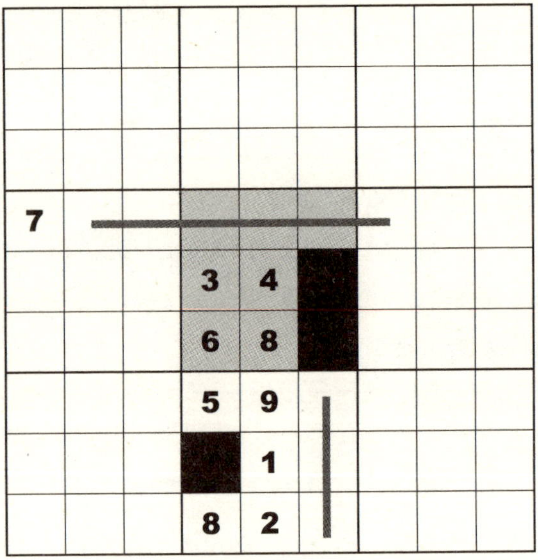

候选数法就是解数独题目需先建立候选数列表，根据各种条件，逐步安全地清除每个宫格候选数的不可能取值的候选数，从而达到解题的目的。使用候选数法一般能解比较复杂的数独题目，但是因为它有一个建立候选数列表的准备过程，所以并不像直观法那么直接。在解答数独时，我们要考虑题目的实际情况，先用直观法，再采用候选数法。

数独候选数法解题技巧主要有：唯一候选数法、区块删减法、数对删减法、三链数删减法、矩形顶点删减法、三链列删减法等多种。

解密招式 3　候选数法之唯一候选数法

唯一候选数法包括显性唯一候选数法和隐性唯一候选数法。

①显性唯一候选数法

显性唯一候选数法也就是说某一行、某一列或者某一宫中只有一个候选数，那么这个单元格就可以直接填这个数字，跟上文中直观解法中的“唯一解法”类似。

下图就是按照候选数法制作成的候选数表格，我们可以看到其中有几个宫格的候选数都只有一个，因此完全运用“唯一解法”来填入数字。

那么到底是哪几个宫格只有一个候选数，这就需要我们在下图的九宫格中来寻找。

（1）在（B，3）中有唯一候选数 4。

（2）在（E，5）中有唯一候选数 5。

（3）在（H，7）中有唯一候选数 7。

36789	36789	**5**	147	2478	147	1489	1248	12489
89	**2**	**4**	**6**	**3**	145	1489	148	**7**
1	78	47	**9**	24578	457	**6**	**3**	2458
367	**5**	**1**	**8**	47	**9**	**2**	46	46
2368	**4**	236	135	**5**	135	189	**7**	1689
78	78	**9**	**2**	47	**6**	**3**	**5**	148
5679	**1**	**8**	457	45679	**2**	47	46	**3**
4	367	2367	357	**1**	**8**	**7**	**9**	26
23679	3679	2367	347	4679	347	**5**	12468	12468

将上边确定的数字填入九宫格后，如下图，你会发现又出现了另外的唯一候选数，你可以依照此方法，继续填入确定的数字，直到完成这道九宫格题目。

36789	36789	**5**	147	2478	147	1489	1248	12489
89	**2**	**4**	**6**	**3**	145	1489	148	**7**
1	78	47	**9**	24578	457	**6**	**3**	2458
367	**5**	**1**	**8**	47	**9**	0	46	46
2368	**4**	236	135	**5**	135	189	**7**	1689
78	78	**9**	**2**	47	**6**	**3**	**5**	148
5679	**1**	**8**	457	45679	**2**	47	46	**3**
4	367	2367	357	**1**	**8**	**7**	**9**	26
23679	3679	2367	347	4679	347	**5**	12468	12468

②隐性唯一候选数法

隐性唯一候选数法也就是说这个唯一的数字不像显性唯一法那么容易发现，需要你根据已知条件稍加注意。如果一个单元格内的候选数不止一个，但是其所在的行、列或者宫内，只有它自己含有某一个数字，那么此单元格就可以直接填入这个数字。

根据行、列唯一解可以得出图中第二行黑色单元格中只有 9 这一个候选数，所以此单元格的答案为 9。

通过观察与分析可以得出第七列第一个单元格含有候选数 2、3、5、8、9 五个数字，但是它所在的列中却只有此格含有数字 3，所以此单元格的答案为 3。

6					1	23 589		
9	3	18	5	2	68	68	7	4
		5	3		7	2689		
8		6			5	279		3
	1					2579	6	
7			2			1		8
			8		2	4		
1	8			5	4	279	3	
			9			2578		6

解密招式 4　候选数法之数对删减法

所谓数对是指某一行、某一列或者某一宫内的单元格候选数中有两个相同，当单元格内的数字为数对时，可以排除掉其他同行、同列或者同宫单元格中填入此数的可能性。数对删减法也包括两种情况，一种是显性的，一种是隐性的。

①显性数对删减法

显性数对是指同行、同列或者同宫两个单元格中含有的两个候选数全部相同。

图中第五列两个黑色单元格中都有 1、9 两个候选数，为显性数对，所以此列其他单元格中的候选数 1、9 就可以被排除。

2	9			8				
5	4			1369				
6	7			19	4	3		
		4		19	3			
8		9		5				7
			6	49		1		
		6	9	2				
				1347				2
				7			5	8

②隐性数对删减法

同行、同列、同宫链各个单元格中含有多个候选数，但是它们包含了两个相同的，并且其他空格没有的数字。

在图中第二行中，每个单元格的都有候选数，但是只有黑色单元格的候选数中有两个相同的数字 8、9，它们已经构成隐性数对，所以此行其他单元格中的候选数 8、9 就可以被排除。

		9		8				
146 78	156	14578	147	2457	3	467	24789	247 89
		2	6		9		1	5
		6	5	9			3	
9								6
	4			6	7	9		
5	7			3	4	2	6	
			2					
				1		8		

解密招式 5　候选数法之三链数删减法

三链数指的就是同行、同列或同宫中的某三个单元格候选数中，相异的数字不超过 3 个。当单元格内的数字为三链数时，就可以排除掉同行、同列或者同宫其他单元格填入这些数字的可能。三链数删减法共包括两种情况，一种是显性的，一种是隐性的。

①显性三链数删减法

在图中的第二行，候选数（1、5）、（4、5）、（1、4），构成三链数，所以 1、4、5 这三个数字只能填在这三个单元格里，此行其他单元格内的候选数 1、4、5 就可以被排除。

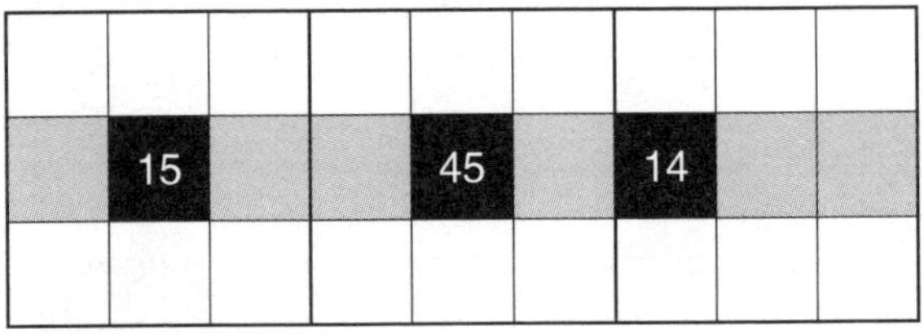

候选数（1、5）、（4、5）、（1、4），构成三链数，所以 1、4、5 这三个数字只能填在此九宫格的三个宫格里，此九宫格其他宫格内的候选数 1、4、5 就可以被排除。如下图所示。

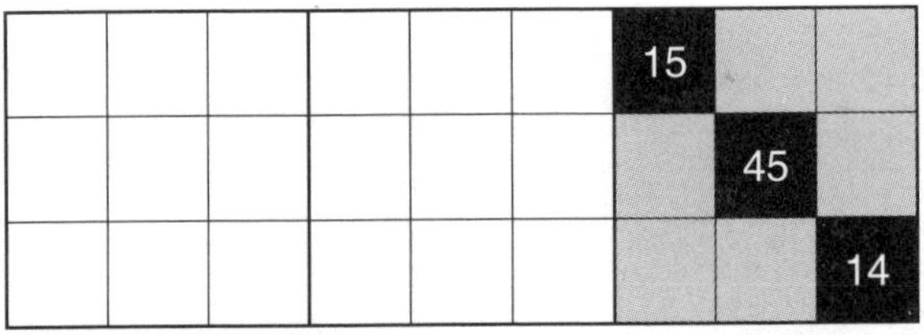

三链数是数对的扩展，只要保证在三个宫格内，其中的候选数只有这三个数字，就符合三链数删除法的要求，如（1、4）、（1、4、5）、（4、5）、（1、4、5），（1、4、5）、（1、4）等都符合要求。

我们可以再进一步推导，只要在 N 个宫格内，其包含的候选数最多由这 N 个数组成，那么就可以用相同的方法来处理。例如四链数，如（1、2）、（1、2、4）、（1、4、5）、（1、2、4、5），（1、2、4、5）、（1、5）、（1、4、5）、（1、4）等都符合要求。

甚至可以扩展到五链数、六链数，当然在平时的解题中作用不大，平时我们用得较多的就是三链数、四链数。

	1	2	3	4	5	6	7	8	9
A	**7**	**8**	169	**4**	1269	**5**	1269	1269	**3**
B	**5**	**2**	169	167	1679	**3**	1679	**4**	**8**
C	39	13	**4**	1267	**8**	679	**5**	12679	17
D	**4**	37	237	**9**	67	**1**	2367	**8**	**5**
E	**8**	137	1237	567	4567	467	12367	1267	**9**
F	**6**	**9**	**5**	**8**	**3**	**2**	17	17	**4**
G	39	**6**	379	137	1479	479	**8**	**5**	**2**
H	**1**	**5**	**8**	27	279	79	**4**	**3**	**6**
I	**2**	**4**	379	13567	15679	**8**	179	179	17

在上图中，可以看到H行（2、7）、（2、7、9）、（7、9）形成三链数，因此本九宫格中的其他宫格就可以排除候选数2、7、9，可以得出（G，6）应该填入的数字是4。

②隐性三链数删减法

隐性三链数是从隐性数对推导而来。如果九宫格内存在三个数字仅出现在某行的三个宫格内，且本行的其他宫格不包含这三个数字，那这样的数对便被称作隐性三链数。其处理方法是这三个宫格内候选数中的其他数字都可以排除。

隐性三链数出现在列或某个九宫格内的处理方法与在某一行中出现的处理方法完全相同。由此我们可以进一步延伸，在某行、列、九宫格存在N个数字出现在N个宫格内，且本行、列、九宫格的其他宫格不包含这N个数字，这样的数对我们可以称之为隐性N链数。其N个宫格内候选数中的其他数字都可以排除。

在下图中的中间宫内，候选数2、5、9只出现在了三个深灰色单元格内，所以可以将这三个单元格内2、5、9以外的数字删减掉，这样第五行的黑色表格就出现了唯一候选数9，以下的就可以根据条件依次解出。

168	**2**	**5**	168	368	**9**	348	**7**	348
3	**7**	68	**4**	568	56	**9**	**2**	**1**
189	**4**	189	128	2378	127	**5**	**6**	38
5	136	1369	**7**	468	46	**2**	148	4689
469	**8**	**7**	2569	**1**	2456	46	**3**	469
1469	16	**2**	689	468	**3**	**7**	148	**5**
1268	**9**	1368	126	2467	124 67	3468	**5**	346 78
7	136	**4**	156	56	**8**	36	**9**	**2**
268	**5**	68	**3**	**9**	2467	**1**	48	4678

其实，上文所提到的三链数删减法是数对删减法的扩展，所以三链数删减法同样可以进行扩展，也就是说在N个单元格内，其包含的候选数也恰好为N个，就可以形成N链数，例如（1、2）、（2、3）、（3、4）、（1、4）或者是（1、2、3）、（1、4）、（1、2、3、4）、（1、2、3）等，可以依据三链数删减法进行解答。

第三章

数独的变形

上一章的解法仅适用于标准的数独题目，除了标准数独外，数独爱好者们还对标准数独进行变形，衍生出许多特殊的数独题目。每种特殊题目都有其特定的规则，而解题方法则与标准数独大同小异，依旧可以采用直观法与候选数法。

①锯齿数独

如下图所示，标准的九宫格图形被分割成了九个不同的锯齿图形，是标准九宫格较为简单的一种变形。

解题规则：在空格中填入数字 1~9，使每行、列和锯齿内的数字都不重复。

②**视窗数独**

如下图所示，九宫格内突出显示了四个黑底方阵。

解题规则：在空格中填入数字 1 ~ 9，使每个纵向、横向、九宫格和四个黑底方阵内的数字都不重复。

9		4	2	6	3	5		8
1	8	3	4	9	5	7	2	6
	6	2	1		8	9	3	
2	9		5	8	1		4	3
	1	5		4		8	7	
6		8	3	2	7	1		9
8	5	9	7	3	4	2	6	1
4	2			5			8	7
	3	6	8	1	2	4	9	

③对角线数独

如下图所示，九宫格内突出显示了两条对角线。

解题规则：在空格中填入 1~9 的数字，使每行、列及对角线内的数字都不重复。

5		4		1	8	7	2	3
8	2		7		5	6	4	9
7	9			4		8	5	1
1			8	5	9		6	4
9		8		6	3	1		5
6	5		1		4		9	
	1	5		2				6
	7	9	5			4	1	
2			4	9	1	5	3	7

④百分号数独

此种数独题目也为不规则数独的一种，如下图所示，黑色部分构成了一个百分号的形状。

解题规则：在空格中填入数字 1 ~ 9，使得每行、列、宫内的数字都不能重复，同时保证黑色的两个窗口和一条大对角线的数字不重复。

				8				
	5	4				2	1	
	1	3	9		4	7	6	
		6	2		9	5		
4				6				2
		7	4		8	6		
	6	8	5		3	1	2	
	2	9				4	5	
				9				

⑤中心数独

此种题型，突出显示的地方皆为每个宫格的中心单元格，如下图。

解题规则：在空格中填入 1~9，使得每行、列、宫内数字不重复，且要保证突出显示部分数字不重复。

3								5
2				6				3
	8			3			1	
		2		9		5		
9	3		2	7	6		4	1
8			3	5	4			2
		3	8		9	6		
7	5	4		2		1	9	8
6			7	1	5			4

⑥星形数独

此种题型，突出显示的地方构成了一个星形，如下图。

解题规则：将 1~9 填入空格内，使行、列及九宫格内均无重复数，同时保证，突出显示部分数字不重复。

	2		8					1
1	6	4		2			3	
	7	5		1	3	6		
7			2		9	4		
	4	8		7		2	1	
		2	4		1			9
		3	6	5		8	9	
	8			9		1	5	6
5					8		2	

第四章

芝麻开门，数独轻松入门

001.

9	7		3			1	2	5
		6	1	8	9	3		7
1	3	4		5				9
	8	9	5	2	1			3
7		5	9			2	1	6
	1	3		7	4		9	8
8	9	2		1			5	4
		7	8	6	2	9	3	
3		1	4		5	7		2

193

002.

	8			1	6	3	5	
	3		8					7
	1	9			7	4		2
8	4	2	6					
			9		5			
					3	1	7	8
4		1	7			8	3	
5					9		2	
	2	7	5	4			6	

193

003.

		4	1	9	5	3		
	5						6	
9		1		6		7		5
8			9		6			7
6		9		3		1		4
5			7		1			8
4		7		5		8		6
	9						5	
		5	6	1	4	2		

193

004.

	3				8	9		
6			2			1	5	
		2		9			3	4
	4		8		2			6
		3		7		8		
2			5		9		7	
7	8			2		3		
	9	1			4			5
		5	3				6	

193

005.

4							2	5
2	3		9	4		7	6	
	1	7		8		3		
				9			5	
	9	3	4		6	8	7	
	7			5				
		8		7		2	1	
	5	1		2	8		9	4
3	4							7

193

006.

9			4				5	1
4	3			7	2	9		
		5			8	3		
	8	3		5				
1			7		3			9
5				4		6	2	
		2	9			8		
		9	2	6			3	4
7	1				5			6

193

007.

		8			9		4	
							1	
6	3	5				2		9
2					7	5		
3		1					2	
	8		2		5			6
	6	7			2	9		
4		9				8		
			7				6	

194

008.

	7					3		
1	3				9		2	
				6		7		4
					2		1	
		3		8		9		
	5		9					
8		6		7				
	4		5				3	9
		5					8	

194

009.

			4			3		2
9		6		1		4	7	5
3	1				5		6	
	9		6		4		5	8
		1				7		
7	6		8		1		9	
	5		2				8	3
	8	2		5		9		7
4		7			6			

194

010.

8		6			7			1
	2	9		3			4	
		1					5	
			6			9		
6				2		5	3	
1		2		5	9			6
9				1	5		7	4
		3	7			1		

194

011.

5		1			3			
	7			2	4	9		
					8			3
1				8	5	6		
	2		7				3	
6			2	9				
9	6							4
4				5		8	6	
	1						2	

194

012.

5		4				8		9
	2			5			3	
6			8		7			4
		2		1		4		
	7		3		6		2	
		6		9		7		
7			5		9			2
	4			6			9	
1		9				6		8

194

013.

6	3				5			4
	7			9			2	3
		1	3		2	7		
4	8			1		5		
	9		6		3		4	
		6		7		1		9
		4	8		6	3		
3	2			4			6	
7			9				5	2

195

014.

					1	4		
5	6	3		9		1		2
1		9	6	2			3	
7	9		5	1	3	6	8	4
	5	8	4	7			2	
	3	1		6				
2		4					6	
			9		2	7	1	
9			7		6	2	4	

195

015.

1		8						
9				4	8	7	3	6
				7		9		8
	1	6			7	3		2
				1		4		
4					5			
		4	6					3
8	9							5
				2				7

195

016.

7	6	3	9		5	8	4	
	9			7	4		6	
8	5			6	2	9	1	7
6		9		5	7	1	3	4
	4	7	1		9	2		
5	1		4			7		9
9		8	6				2	5
		5	7	2	8	6		1
1	2	6	5	9	3		7	8

195

017.

		4	2		1	3		
8								7
	6			9			1	
5	1		3		8		7	2
7	4		6		2		9	3
	8			1			5	
2								1
		7	8		5	4		

195

018.

				9				
		5			4	7		6
4		1	2		7	5		
		7				6		2
			9	5	6			
9	4			3				
	2					9	8	
	5		8					4
3			4		9		5	

195

019.

		1	9		2			
	3	5	1		4			7
	8					1	3	
		7	6		1			4
	2			9			1	
6			5		7	9		
	7	8					9	
2			3		8	4	7	
			2		9	5		

196

020.

8			9	3				
1				4		5	7	
			5	7				
3	7	8	2	5		1	4	6
5		1	6		4	7		9
4	6	9		1	3	8	2	5
				2	5			
	8	2		9				1
		5		6	8			2

196

021.

7		1	9			3	5	4
9		2		4	1		8	7
	4	6	7	8	3			
1	2		3			7	6	9
		9	1	6	7	2	4	
6	7	8		9	2			5
8	9		6	1	4			3
2		5		3	9	4		1
	1	3	2			8	9	6

196

022.

7	1						6	4
				4				
5			8		1			9
		2		9		6		
	9		5		3		8	
		7		6		1		
6			9		7			2
				5				
8	4						5	6

196

023.

	8		5					
4					8			
	5	3	2					4
2				3		1		
	6		7		4		2	
		9		8				5
9					6	3	4	
			1					2
	1				3		5	

196

024.

	8	7	1					3
	1		3			7	6	8
4				2		5	9	
6	3	9						
	7	4	2	8		9		
8	5	2			6			7
		6				1	2	
	9			7		8		4
	2		4	1		6		

196

025.

9		8						
				7			2	
6			9			7		1
7			5				4	
		9		4		8		
	6				3			9
						2		6
	5			8				
2		3			1			4

197

026.

4				5		9	2	
5	2	8	4	9	7		3	
	7	9			6	4	5	8
2	3		1		9		7	5
8		7		4		3	9	
6	9		5		3		4	2
7	4	5	9			2		3
9			8	3	5	7	1	4
1		3		2			6	

197

027.

6		5			3	4		1
				7	2	3		
9	3		4					6
5	8			9		7		
	4		7		6		9	
		1		2			6	3
3					8		1	5
		8	1	6				
1		2	5			8		7

197

028.

	8		4			7		
		6		3	9			8
4		9		1		5	2	
	7			5				1
	5	2	7		6	3	8	
9				8			7	
	4	7		2		8		3
2			1	4		6		
		5			3		9	

197

029.

1			7		8	2	5	
9	3		6				4	7
	7			4	3	8		
7	4	9	5	1				
8	2		4		7		6	5
				8	9	4	7	1
		6	3	5			2	
3	9				2		1	4
	1	5	9		4			

197

030.

1			7		6	3	2	4
7	9		4				8	
		4	2	5				1
2		7		6			4	
	1		8		5		3	
	3			4		5		6
5				8	3	2		
	2				7		6	9
6	7	1	9		4			3

197

031.

7	6				4			
				5			9	
					3			2
		2					6	9
			3		1			
3	5					7		
1			6					
	4			9				
			7				5	8

198

032.

		1	2		5	6		
		3	4		7	8		
2	6			8			3	5
1	5			4			7	9
		4	7		1	5		
8	7			9			2	4
3	4			1			6	8
		8	3		4	9		
		9	6		8	2		

198

033.

1		8				5		7
		4	9		7			
6					1			
	5					6		
	4	6	1	3	5	8	7	2
3		7					9	
			6					3
			5		4	9	8	
7		5						4

198

034.

1	5	7					3	
			2				7	
						1		
7			3		5		2	
		1				4		
	6		8		9			1
		4						
	8				3			
	7					6	4	5

198

035.

8		3		9	1	5	2	
5		2					7	
4			6	2	5	8	9	
	4	5	9	1				2
9	2		5			4		8
	1		4				5	7
	5	7	8		9	1		6
	3				6	7	8	
6	8			7	3	2		

198

036.

		2	4			6		
	4			3			1	
8			9		1			3
		7	6			8		2
	8			5			9	
6		1			8	5		
5			2		9			1
	1			7			2	
		3			5	7		

198

037.

9			4				5	1
4	3			7	2	9		
		5			8	3		
	8	3		5				7
1			7		3			9
5				4		6	2	
		2	9			8		
		9	2	6			3	4
7	1				5			6

199

038.

	5				2			
4			8			1		
			5			8	4	6
2		8	1	9		5		4
	6							3
	9			3			8	
		5			8			7
	4					9	1	
		3		4				2

199

039.

			9		2	5		
	3	7		1				
		2			3		8	
6								
2						3		1
	5	1				8		6
	2		3	4		6	7	
3					7	4	9	
		8		6			1	

199

040.

		2	7	5		8		
	7				6		1	
4		9	1			7		2
	2			7		1		3
3			8		4			9
5		8		1			4	
9		1			7	5		8
	4		2				9	
		6		9	3	4		

199

041.

9		1	7				5	4
	8			4		1		3
7					1		9	
5				8		9		
	6		5		2		3	
		7		1				8
	4		2					7
3		6		5			8	
1	2				3	4		5

199

042.

			8	2		9		
	8			3			1	
5			1					
						6		4
2	7						5	8
9		8						
					7			2
	6			9			3	
		3		5	2			

199

043.

		2	9				7	
5	4				6		2	
			2	1	5			3
	2	8		5		3		6
		9	3		8	2		
6		7		2		4	5	
2			5	3	1			
	8		7				6	4
	9				4	1		

200

044.

4	7		8		2		6	1
				4				
9		2	7		6	8		3
	2		9		5		1	
	9	4				3	7	
				7				
3		1	5		9	4		7
8				2				6
2			4		1			3

200

045

5	1		3	2				4
		3	8	9				5
8					1	2	3	
6		1			9		7	
	8		1		3		6	
	9		7			5		1
	3	8	9					6
9				1	8	7		
7				3	5		8	9

200

046.

	8				2			
4			8			1		
	5	1		7		6		
		8		3			1	
	3		2	4	6		5	
	9			5		7		
		2		8		3	7	
		9			1			2
			7				8	

200

047.

			1			9	4	
9			5	6		7		
1	6			3	4			
		1					3	4
	7	5				1	2	
4	3					5		
			4	2			8	5
		8		5	9			1
	5	4			6			

200

048.

7	9		3	5	8			
	3				9	5		4
6		5	7	1			3	8
3	7	1		8		4		6
2	8						5	7
4		9		3		1	8	2
5	1			7	6	2	4	9
8		2	9				1	
			1	2	3		6	5

200

049.

5				8	4			7
						9		
	4	8	3	6				
2	6				9	4		
8			6		5	1	3	
3	5	4						8
7		3		2				
				5		7		
						8	1	6

201

050.

3		9						
			8	5	7			
					2			
		8	7	2				
				1	8			2
	9	7			6		1	
	2		6	7				3
7			4			6		1
1		6	2		3	9	7	

201

051.

	7		6			8		
9					1			6
		4		2			7	
	3					6		
5			7		9			1
		2					3	
	6			9		5		
1			8					9
		5			3		2	

201

052.

8	9	4	7		1			3
7			8		2			9
	1	2	9	6	3	4		7
2		8	4		6		7	
				3	5	9		
9	5				7			6
	8		6		4		3	5
	4		5		8	6		
			3		9		1	

201

053.

4								3
1	3						8	2
			1				6	
2			4				1	8
		1		5		9		
7			3			2		
9		7					4	
	8		9		5			
5		4	2		3		9	

201

054.

8	6			1				
				5	2	8		
1						4		7
							3	
	8	5				7	9	
	4							
		1						5
		4	3	9				
				2			6	9

201

055.

6		2						1
8			7	1		4		
1	3	4				5		7
				8	1			
9	1	6	4		5	3	7	8
			3	9				
2		1				7	5	3
		7		5	8			4
5						8		2

202

056.

	8		4		2		6	
1		7		6		4		8
	4		1		9		7	
6		9		3		1		4
	2		9		8		5	
8		1		5		3		2
	3		5		1		4	
5		2		4		7		9
	6		7		3		1	

202

057.

8			9	3				
1				4		5	7	
			5	7				
3	7	8	2	5		1	4	6
5		1	6		4	7		9
4	6	9		1	3	8	2	5
				2	5			
	8	2		9				1
		5		6	8			2

202

058.

9	6		4					
	1		7	3		6		
		5	6		9			4
2				5			7	8
6	5	7				4	1	9
3	8			7				5
1			8		2	9		
		9		6	7		2	
					1		4	6

202

059.

	9			8		5	6	3
2	4	8		5				
3			1	7	9			4
6	7	2	4		3	8		9
	3	4	8		5	1	7	
8		5	7		2	3	4	6
5			9	4	8			7
				3		9	2	8
1	8	9		2			3	

202

060.

	8		5					
4					8			
	5	3	2					4
2				3		1		
	6		7		4		2	
		9		8				5
9					6	3	4	
			1					2
	1				3		5	

202

第五章

牛刀小试，数独基础训练

061.

5			1	9		2		4
6		3	7	2	4		8	
4	1	2	6	5	8		9	
9					7		3	6
	3	6		4		9		7
	4	1	9			8	5	
	7		3			6		5
3					5		2	
	5	4		6		3		8

203

062.

		3						6
6			2		5	9		
7							4	
		6		8				
	2			3			8	
				9		2		
	5							7
		8	3		1			9
4						1		

203

063.

		9	5				7	
		6		8	3			2
7						8		3
		5				2		
1			6	2	9			5
		7		4		9		
5		1						7
6			9	5		3		
	8				6	1		

203

064.

2								
6	5	4			1			
	3		8					1
	7	2		8				
9			7	1	3			2
				4		6	5	
5					9		4	
			6			9	2	8
								5

203

065.

3		4		1			2	7
		8			2			
		2				3	5	
8			7					1
		7	1	6	3		9	
1					9			2
2		3		9		7		
		1		3	5		4	9
9	4	5		7		1		

203

066.

1							4	9
8	2					6	1	3
				7	9	5		6
	6						8	
5		9						
4	8	5		6	7		9	2
				9	2			
7	9							4

203

067.

			3	8			1	
	9					8		
4		8			9			7
			8	5		3		
		1				2		
		5		9	2			
1			6			4		8
		3					9	
	2			7	4			

204

068.

			6	2	3			
	6	5		1		9		4
8	7					1		
1					7	8	4	3
	9		3		6		7	
2	3	7	1					5
		9					8	7
5		1		7		3	6	
			4	6	9			

204

069.

	7		6	5		8		
1	2	5	7					
			4				5	
	1	7		2			8	3
			1		7			
2	6			8		7	4	
	9				6			
					5	2	9	4
		1		4	9		7	

204

070.

			7		6			
8		5				6		2
	6		4		2		3	
2		9				5		7
	3						9	
4						8		3
	5		1		9		4	
7		8				9		6
	9		6		8			

204

071.

			4	3				2
	2				6		9	8
	5	1			7			
4	8		2		1	6		
		9				3		
		5	3		4		2	1
5				4	3			
			6			9	3	
6	3		7				4	

204

072.

	2							
		5	8	6			9	
	6		5		2	3	1	
6	7	2			9			3
9			3			6	7	4
	4	6	9		3		5	
	5			4	8	1		
							4	

204

073.

4								
		6	2		4	1		
3		8	5	1		4		
6	4	1	7					
2					9		3	
				6		5		
9	6						8	
		4	9			3		
1		2	3	7	6	9	5	

205

074.

					3	2	4	8
	4			9			5	
2		1			4			
	6				8			
7			6	3	1			2
			4				1	
			5			9		7
	7			6			8	
9	8	3	1					

205

075.

	6				1			8
5					6	3	4	
		7					2	
				8		1	7	
	1	4	9		2	8	3	
	3	5						
	7					4		
	4	9	2					3
1			8				6	

205

076.

				5				
3	2		4		9		6	5
	7			8			1	
	4	7				6	3	
			5	6	2			
	6	9				1	5	
	1						8	
8	3		6	1	7		4	9

205

077.

	8		5	4	6	2	3	9
3	9			7				
	6	4				1		5
9	5		7				1	
8	7			2		6	5	
	4				3	9	8	
5		9					2	6
				9		7		
4	1		2	6	8		9	

205

078.

2	8		5		6	7		3
			8		7			1
		4					2	
	7			6		9		
9		3		5		6		2
		2		9			7	
	3					2		
5			2		9			
4		8	6		1		5	9

205

079.

	6					7		5
			7		2			
3					9			
		8						
5	7			3			4	6
						9		
			6					2
			8		5			
1		4					3	

206

080.

3						7	6	8
		9	7		3			
				2		3		
5		2	8					
		4	3		6	5		
					9	8		1
		5		3				
			9		4	2		
7	9	6						3

206

081.

					7	8		
	3				8	9		
	4						1	
						3	8	
9			5		4			2
	8	1						
	1						6	
		7	1				4	
		5	2					

206

082.

	7	5		8			3	4
					6	7		5
1	3	4						
			1		5		9	
			4	2		1		8
	5	1				4	2	6
2		9	8		7		4	
	6				9			
								2

206

083.

5	2						3	6
		1	8		6	4		
		7		4		5		
	4		6		3		8	
		2				9		
	5		4		1		6	
		6		3		2		
		8	2		7	6		
2	7						1	4

206

084.

	8			9			4	
7				3		5	6	
2				1			3	
	9		8				1	
		6	7	2		4		
	5		4				8	
	1			8				3
	2	3		7				4
	7			4			2	

206

085.

							4	3
	9	2			4			
	4			6		8	2	7
1					2		5	
	5		3		9		7	
	7		8					2
3	2	7		9			8	
			4			7	6	
4	1							

207

086.

		3					4	
4	1				5		2	
				9	2			3
	4	1		5				
		9	8		3	4		
				7		6	8	
2			7	6				
	6		2				9	8
	3				9			

207

087.

		2		1	4		3	
		5		9				8
	7							6
4	5	6	7	2	8		1	
3	1		9	6				4
	9	8						7
5	3	9			6			2
7	2	1	8	5	3		4	9
8	6	4	2	7		3	5	1

207

088.

	9				5		7	
3		6						
	7	4	8		2	9	6	
			1	2			9	
2				7				4
	6			4	3			
	8	9	4		7	6	5	
						8		9
	4		2				1	

207

089.

6	7			2	3		8	4
3			4			6		
2	4	8		9	6			3
	8	3		5			6	7
4			3		1	8		9
	6	2		7	9		3	
7	2	9			8		4	6
5			6			7		
8		6		4	7		5	1

207

090.

1			8		9		2	
2				5				
	7		6		1	8	5	
8							6	
3				8		5		7
		2	7	9		3		8
			2		5	4		1
					8		7	
				3				6

207

091.

	5			3				7
					2			1
		7			5	4	8	
	3				8			9
		1	9	6	4	7		
2			7				6	
	9	4	5			2		
6			1					
8				2			7	

208

092.

		9				3		
	2			5			7	1
6			2		9			4
4		7	1		3	5		
	1						4	
2		5	6		8	7		3
1			9		4			8
	3			8			6	
		8				1		

208

093.

		8	3	9				
6		4	5	2				
						3	7	6
	2					7	4	
5			1					2
8				7	2	5	6	
	8	7						3
						2	9	
	5		4	3			8	

208

094.

	1				4			
8			6		1	9	7	
		2		3				5
			4				1	
1		7	2	8	5	4		6
	4				7			
6				4		7		
	3	5	7		2			1
			1				6	

208

095.

			5		1	9	4	
4	9			2	6			5
		5	4				3	7
1	6				3		2	8
		2		1		4		
8	5		9				7	1
9	8				7	6		
2			1	5			9	3
		3			8			

208

096.

		4	1	2	3			6
	7	1				2	8	5
6	2	9		7	8			3
			3	5	9	6	4	
9	1	3				5	2	7
	4	6	7	1	2			
2			9	3		8	5	4
4	3	5					6	
1			6	4	5	3		

208

097.

4	2	6	1	7	5	8	3	
7			2		6	4	5	1
		1		4	3	7		6
	4	7		8	2	1	9	5
1		8			4		7	
2	9	5			7	3	4	8
5		2			1			
3	6				8		1	
8	1				9		6	

209

098.

4								2
	2	7	4		8	9	1	
			7	9	2			
3	8						9	5
		9				6		
6	4						7	1
			6	3	1			
	1	8	5		9	3	4	
2								9

209

099.

6					1			4
4					6	3		5
	9		4					
		3	9	7			6	
	5	9				4	8	
	6			3	4	5		
					3		5	
2		4	5					6
5			1					8

209

100.

		2						1
		1	5			8		
4			1	9				
	5			2		4		
	7						2	
		4		1			8	
				6	9			3
		7			4	6		
5						9		

209

101.

9	5						7	4
1				5				3
			4		8			
		3	8		6	4		
	7						2	
		6	1		2	9		
			3		7			
3				4				2
6	9						4	5

209

102.

7	1	5						4
		8	2	9				
	7	6	5					1
	3						8	
4					7	2	5	
				6	4	7		
8						1	9	2

209

103.

				5				4
3			8				6	
	4	6			9	1		
					7			5
	2	1				7	9	
4			3					
		9	2			8	4	
	8				3			6
5				1				

210

104.

		9	7	4	8			
	3					4		
8			3				2	
4				8				7
1		3		6		5		4
5				1				3
	1				2			5
		8					9	
			8	9	4	3		

210

105.

				7	4		9	
	2			8				4
						3		
1		8				9		
		7	8		3		6	
3						1	7	
		3	5	6				
	9			2				7
5								

210

106.

6								
	3		9				2	1
		8	5				4	3
			7	5			9	
	7			2	3			
8	6				4	5		
4	9				2		8	
								2

210

107.

1								4
	2	3				5	8	
	5	6	7		8	9	1	
		5	3		4	1		
				9				
		1	8		5	4		
	1	9	5		6	2	4	
	6	4				3	9	
8								5

210

108.

		2		7	5		1	
		5		1	2		3	4
7		6					5	
			2		1			7
		1				8		
9			5		4			
	8					6		2
1	5		4	2		3		
	2		9	3		5		

210

109.

	4	3				5	8	
1			7		2			9
6					5			
8			1		9			7
			2				6	
4			3		6			8
	5	2				6	7	

211

110.

4		9		2		5		8
			9		6			
6								7
3		5	8		4	2		1
		8				4		
1		2	3		7	9		6
9								4
			6		3			
5		6		4		7		9

211

111.

		2	5					7
		1		9	3		4	
		4			6		8	
8				6	1			9
1		7				4		6
5			7	2				1
	7		9			5		
	6		3	8		1		
2					4	3		

211

112.

			9		8			
		2				1		
	5	4				6	3	
9	8		5				6	2
1	2		8		3		4	7
	6	8				4	7	
		3				2		
			7		4			

211

113.

		6	7		2	8		
4	5						2	3
	7		4		9		8	
6								9
	3		2		1		7	
9	8						6	1
		4	8		5	2		

211

114.

3	4		7			6	1	
	7	8	5					2
2				4	6	7		
	6	1		8				9
9			1		4			7
5				7		8	2	
		6	3	5				4
4					1	9	5	
	5	3			2		7	6

211

115.

	1						6	
		4	3					1
3				8		2		
		7			5			
9								3
				4		8		
		6			1			4
8			2			9		
	7						5	

212

116.

	2		4		3		5	
5		8				4		7
	9						2	
8				1				4
			6		5			
7				3				5
	5						1	
6		9				5		8
	8		5		9		4	

212

117.

	3				5		1	
6				7				4
			9					
4				5		6		
	9		4		2		5	
		2		3				7
					1			
7				4				5
	8		3				9	

212

118.

						7		
				9				2
			4	8	6		9	
4					3	8	6	
	7						5	
	8	6	2					4
	2		3	1	8			
5				4				
		1						

212

119.

2					8	4		
	1			3				8
		4					7	
	5				3			
		1				2		
			4				1	
	9					1		
7				2			6	
		8	7					9

212

120.

	4			9				
		6	7			9		
				5				2
			4				5	
1		2				8		3
	3				6			
8				2				
		9			5	1		
				3			7	

212

121.

2	8		6	4		9		
				2		6		8
	4				3			
	5		4					
		6		9		2		
					7		1	
			5				7	
9		8		6				
		1		7	8			3

213

122.

		6	4				7	
		2				8		3
1	8	5			6		9	
8				4		6		
			1		3			
		4		5				7
	7		3			1	8	2
2		3				7		
	5				1	4		

213

123.

		4						
	8	5	3				1	
		1				4	8	6
				8			3	
			2	1	7			
	7			4				
1	9	3				5		
	2				5	9	4	
						7		

213

124.

9				1				3
		4				7		
	7		2		4		5	
		3	5		8	6		
2								4
		5	6		7	2		
	4		1		6		9	
		1				4		
7				3				8

213

125.

	7		3		6			8
	9							
1						4		
	3				9		4	
		7				5		
	2		6				1	
		4						3
							7	
5			8		2		6	

213

126.

	3	4		5		6		
		1					3	9
	7		1					
		6			8			
	2		6	1	3		4	
			4			9		
					2		9	
8	5					3		
		3		4		7		

213

127.

					3	4		
			9	8		7	6	
			6			8		9
4	5			3		9		
		2		9			7	6
6			5		1		4	
		4	3					
7		1		5	9			
	3	6			7			

214

128.

		1		3		9		
			1		7			
3			8	9	4			1
	9	6		7		1	2	
8		2	3		9	6		7
	3	7		2		8	5	
9			7	4	2			6
			6		1			
		8		5		7		

214

129.

	6						2	
	9		8		4		5	
8	7			6			3	1
6				8				9
		4		7		2		
	5			4			8	
	4	8		1		5	9	
			2		7			
1								6

214

130.

2		3		4		1	5	9
7	1	8	5		9		4	
						8		7
	4			8	3		7	
			2					8
	8	2		7				
		1		9				
	2		4					
4	9			1	5			2

214

131.

8			7		1			2
		6				7		
	1	7				8	9	
			1	7	3			
7								6
			9	5	6			
	9	5				4	1	
		8				5		
3			6		5			7

214

132.

				7		4		9
1					2			
	5							
					1	2		4
2		6				8		3
3		7	4					
							3	
			6					5
4		8		9				

214

133.

2	1						6	3
	8	9		7		5	2	
9			8		7			1
	3						8	
7			6		3			5
	9	6		5			7	
						9		
8	7						4	2

215

134.

4								2
	2	7	4		8	9	1	
			7	9	2			
3	8						9	5
		9				6		
6	4						7	1
			6	3	1			
	1	8	5		9	3	4	
2								9

215

135.

			9					6
			7	5				
	5	6	8				9	1
						3	5	
6								4
	8	9						
5	2				7	6	4	
				2	8			
9					1			

215

136.

		4	9			3		2
		8						
	9		6		8			
			2			7		
1					9			8
		5		3				
							6	
						4		
7		3		4		5		

215

137.

4				7		6		3
3			1				5	
	5			2				
2					7	9	3	
	7						8	
	3	5	4					2
				5			7	
	9				2			6
6		2		9				5

215

138.

		1	8					6
	9		5			1	7	
3		2					5	
		7			4			
4								1
			6			8		
	2					9		3
	7	8			6		2	
5					2	6		

215

139.

		7		4		9	3	1
	3		9					5
		4	3		5	2		6
	4		5			3		
			4					9
	7			2	3	1	6	
		1	7		9		8	
	2					6		3

216

140.

4	5		9				6	
			6		5		4	7
		8			3			9
				5	1	8		3
8	9		3				5	
			4	9		1	2	
5	4							
1	3	2						

216

141.

							6	9
		5			8	3		
				3			4	7
					5	1	7	
	4			7			3	
	1	9	2					
8	6			4				
		4	9			2		
9	7							

216

142.

7	1		2			6		3
				4	1		2	
6	5	2		3		4		
			5		9			
8			4		6		1	7
		9				2	5	
5	6		8			1		2
		1			2	3	6	
9		7	1				4	8

216

143.

7	9			8				
						1		
	3							
	8			9	6		7	
		1				4		
		6	4		1			
							3	9
					2			

216

144.

6	8							
	1		7	4	2	6		
		3						
			2					7
8	7		4		5		3	2
4					8			
						3		
		1	8	9	6		7	
							1	4

216

145.

	1				5	7		
7			3					
	3	8				6	2	
			1	6	2			4
2	8			3			5	
				5			8	7
	9	4		8		5		

217

146.

4		1		7		2		5
				5				
5		8	2		3	9		1
		6		2		8		
3	8		6		9		7	2
		4		8		1		
1		2	5		7	6		8
				9				
6		9		4		3		7

217

147.

						5	6	
				5	6	3		
			3					1
		8	1			2	5	
	3			4	8	9		
6	7	1	2				8	
	5			8	9			
1			4					
	6	4						

217

148.

	8			9				
	6	4	2					1
			1			6		
3	4					5		6
5								2
9		1					4	8
		5			3			
6					2	8	3	
				7			1	

217

149.

		1	4					
				7	8	6		1
				5		9		
	8						2	3
	1	3				5	6	
9	5						7	
		5		4				
3		9	1	8				
					7	3		

217

150.

4				7	5			
	8			9		4		
9			8					
	4				2			
1								2
			6			3		
5							8	
		9						
					9		6	

217

151.

					9			
	6						1	7
		4	8		3			
					8			
	5							
7	1							6
						3		
				7				5
		9				8		

218

152.

5		7	6	2		4		1
	6		9	1	7		5	
2		3		5	4	9		7
3				9				6
	8	1	7		2	5	4	
7	5			8			2	3
9				4				8
		6	1		9	2		
1	3			6				4

218

153.

9							8	
	2				3		4	
			1		7			
		5				7		
			8	2	6			
		8				1		
			6		5			
	3		4				2	
	1							9

218

154.

			4			8		5
					7		6	
	2			8				
	9		1	6		7	2	3
3	1		8		5	9	4	
4				2				
	3			5	1	6	8	4
		4	7	3				1
	5		9			2		7

218

155.

	8						2	
		1				6		
				5				3
		6	5		1	2		
7			6		4			9
		4	7		9	3		
6				1				5
		7				9		
	4						3	

218

156.

			6	8		5		
4					2			
					7	3		
	6	9						3
2	4					7		
		7	3	2				
	7					6	8	
				4	6			1
	5	2						7

218

157.

				4				
		8	2	7				
	5					6		
	3				6			5
	6						4	
9			8				7	
		7					8	
				5	4	3		
			9					

219

158.

		4				2	9	
	3		7	8				
					2		5	
					4			
	6		1					7
9								
			3					8
2		5						

219

159.

	9				4			
1				5		7		
		2			6			3
	1		3					6
		4				2		
5					1		3	
8			2			4		
		3		1				2
			9				6	

219

160.

3		2		5				9
		4			7			5
	5		3		8	1	4	
	2			9		6	7	
	8	5		6	3	4		
6			7					1
5	3		2	4				
	9		6				2	3
2			8				6	4

219

161.

	6		2		8		4	5
2		8				1	6	
		5			7			9
4	7						2	
5				4		7		1
	3		7		1		5	
		4		3		6		2
	2		1		5			
9	1		4			5	7	

219

162.

		6		7		8		
	7	8	6		1	5	2	
	3		4		5		1	
4								2
	9		3		2		6	
	5	2	1		3	6	9	
		3		2		1		

219

163.

		3	8					
		4		1		2		
								7
			3			8		
7	6							9
1				7	6			
		2				3		
				9				

220

164.

9				4			8	
			6	8		7		
6	5							
			3			5		9
2	9							
	8				5			4
5						3	1	
	3		7		9			
8	2	4						

220

165.

						4		
			8	1				
				6	3	9	7	
	1					7		4
	2		7		8		6	
7		6					9	
	8	9	4	2				3
				9	6			
		3						

220

166.

6		8		1		9		5
	3	5	9		4		6	
9			8		5	3	7	
	1		2		6			7
	6		1		9	2	3	
4		2		7		1		6
	5	4		9		7	8	
3		9		8		6		4
	8		4	3	7		1	

220

第六章

挑战自我，充分发散思维

167.

		1				9		
	8		7	4	9		1	
4								3
		2	3		7	1		
1								2
		7	2		4	5		
3								9
	5		1	3	2		7	
		8				3		

220

168.

			6	8		5		
4					2			
					7	3		
	6	9						3
2	4					7		
		7	3	2				
	7					6	8	
				4	6			1
	5	2						7

220

169.

7								
2	4		1		8			
	6			7	2			3
		4		2	9		8	
	7						6	
	9		4	6		7		
1			6	8			3	
			3		7		9	1
								6

221

170.

3		2		4			1	9
					6		4	
		4		9	1			
1					9		3	7
5		7		3		8		
				6	7	9		1
7	3	1			5		9	6
2		5		7		1		
	8		6	1		5		3

221

171.

	1			5		7		8
		6			1	5	2	
	2				8	3		1
8		3						
	6		1			9		7
			7		4			
	4			1			7	6
7			8	4				
	5					4		3

221

172.

6			7		5		1	
	2		6			9		7
9					8		6	
	8			2		1	9	
2		9						5
1				8	9	7		
7	9		3				5	2
		6				8		1
	1	2		5			7	

221

173.

1		6	7		5		2	
7	2			9		1		3
		3	1		4		8	
				7		8		2
			8	1				
8		1			2			9
			5	4			9	
	9	7			1	5		
2		5			3		7	

221

174.

						1	7	
7			2			9		6
1			9	8	7			
	2					4		
	5		3		9		8	
		9					5	
			6	5	4			1
2		8			3			5
	1	5						

221

175.

						9	1	
					5	2		4
				4		3		
3	6		9				5	
1			2		8			7
	2				1		4	3
		9		6				
2		6	8					
	7	1						

222

176.

8						9	3	
			6					
				8	5		6	
		2		3			9	
		4	8		1	7		
	8			4		1		
	4		5	7				
					2			
	9	3						7

222

177.

				5				
5	1	7						4
2					6			
						4		1
4				3		6	5	
		6	5				9	
9	4		8			2		
		1	7					6
		5						3

222

178.

1		3				4		6
	5		9				2	
					8			
				9			1	5
	8		2		6		9	
6	7			5				
			6					
	1				9		3	
4		5				1		9

222

179.

	9		3		2	6		5
6		3		8			1	
	8				9	2		3
7			2			4		
		9		3			7	
	4				6			2
			9	4			2	
	7		5					1
9		2		1	7		5	

222

180.

1				2	5		4	
	2		3			1		5
		5					9	
3			1		2	7		
				8				6
		8			3			
	6		7			5		
							1	
8		1		3				9

222

181.

9						3		5
			4					
4				7	6			
		7		2			9	
		2	9		7	1		
	8			4		6		
			6	5				7
					1			
3		8						6

223

182.

			3					
			6	7			9	
	8							
		9				4		5
		2		1		8		
6		3				7		
							6	
	4			2	8			
					5			

223

183.

				4		5	3	
	9				1			
			9		7			1
5		6				4		
	7				2		9	8
3				5				

223

184.

	8	4			6			
			3		5			
5	1				8	2		
	4						2	
6		5		3		9		8
	2						5	
		6	4					3
				9	7			
			6			4	9	

223

185.

1								
		2	3				7	4
			2				8	5
6			8	7			5	
			9		6			
				2	4			3
5	8				2			
9	4				7	8		
								6

223

186.

7	3		9		4			5
		1						4
8			1	5			7	
	4				6		2	7
3	1		5			6		
		9		8				
4						5		1
			4	7			8	
					5	7		2

223

187.

			6					
	7	8	9				6	3
3				1	7	8		
	5						4	
4		7				5		6
6		2				3		1
2				5	1	7		
			7					
	1	4	2				3	5

224

188.

	8	1	7	4			6	3
					6			
		4	8					
1	6			8		5	7	4
4			1					
					4		9	
9				2		3		
		5					2	1
				6	8			

224

189.

		3				8		6
6	5		1					
	9			5			4	1
				2			8	7
9		5	8					
	6			9	4		3	
							7	4
3		7				9		

224

190.

								6
9	4				7	8		
5	8				2			
				2	4			3
			9		6			
6			8	7			5	
			2				8	5
		2	3				7	4
1								

224

191.

					4	1		
2		9		6		3		
	6		3		7		8	
		1				7		
3	8					9	5	
	7						6	8
			1					
	2		4				1	
		3		2		6		7

224

192.

							8	
	7			4				
				3			5	7
8		9						
				7	2	6		
		5						
	3				9	4		
2			8					

224

193.

	2				6			1
3			7				6	
		6		8		7		
2			9				1	
		5		6		9		
	1				3			4
		3		5		1		
	4				2			3
6			1				5	

225

194.

8				7	2			1
			9					2
	3		1			7	8	
		3			6			
			7	4			2	3
	1							
1	8							
		5			7		9	
			3		5			6

225

195.

5	7		1	4				8
			2					
		1		6			4	9
6	1							
			3		6	4		
	9			7				
8						3		6
	4	7				1	5	
			9	2				

225

196.

1		8		6				
								2
	4	3		9			1	6
			7		8			
9							3	
				2	9	6		
			1			2	4	
2	7		3			1		9
	5							

225

197.

			6	4			3	5
				8		2		
	7					4	8	
			5		8	3		6
	6						9	
8		9	2		3			
	9	5					1	
		3		1				
6	8			3	9			

225

198.

				5				
7	5						8	6
3			1	7				9
	1	7		9		2		
		5				4	1	
5				2	4			1
9	8						6	4
				6				

225

199.

				7			9	
		1				5		
				4				
		6			8	1		
				9			7	
7	2						4	
	6				5			
					1	8		

226

200.

				1				
		8					4	
					9			6
6	9				5			
								5
						7	8	
4								9
		3	4	8				
				7				

226

201.

	7			1				
3	6		8					
	8	9			5			
8			3	7		2		9
		5				4		
2		1		6	4			
			9			6	2	
					2		8	4
				8			7	

226

202.

	4				7			
			5	4	8			
	2					6	7	
7				8				9
3								8
4				2				1
	5	9					4	
			6	1	3			
			4				2	

226

203.

8		6			9			
			4	2				
	4					2		9
		1	2	8		9		6
7				5	1			
2		8					7	5
							6	4
1	8					3		
				4	8			

226

204.

						2	4	
			8	1	4		5	
	9			5			3	1
			5	8				
	8	3		2		1	9	
					3			
		8	6	7	1			
6		9			5	4		
	3	2						

226

205.

	1	7			9		5	
	5						9	
9						1		
	6		1	9			3	
			7		4	9		
		4	2				8	
		1		6		5	7	
	3			1				4
		9				3		

227

206.

	7				9	8		
	4			7	6	3	5	9
							7	1
		5	7	2				3
			6	9		5		7
7					3	9		
		7						
	3							8
8		2		4	7			5

227

207.

				9	5			
		3	2					8
6				3	4		7	
7	4						1	
9	2						3	
		8						2
5				4	6		8	
				8	9			
		4	1					6

227

208.

1	6	8			3	2		4
4			8		6			
2			6			5	4	
	4	7						6
3		6	4			7		
		4		8		6		
				6				7
6		2	1					8

227

209.

8						4	6	
1			9	8			7	
	9		4	5	6			2
2								1
9		4					5	7
				7		2	9	
				9				
	5		2		1	9		
			7		5			

227

210.

					9			2
		3	4					
		7				1		
		4			6			8
9					1			
						9		
		8	7					
2								
5								1

227

211.

		9		5				6
	6			9	8			
	1	4	2	3	6		8	
1	2	6						5
4						1	7	3
3				1				8
	4		3	8	1	5	6	
			6	2			1	
6				4		9		

228

212.

2	1			9	6	7		3
				5	3			
			7					
6	3			1	2	4		9
1	4					8		6
9	2					6		4
3			9					5
				6	8			

228

213.

	7						4	
2				6				9
			8		1			
		8				1		
	9			7			5	
		6				2		
			7		4			
8				2				3
	3						1	

228

214.

	2	6			9	7		
	5			7				8
8								
9	1		3	4		8	7	
6								1
		3				9		
2					4	6	8	7
		8	1				2	
	6					3		

228

215.

	4	1		6		2	3	
	6		8		2		5	
		5				8		
	8		4		5		9	
		9				4		
	1		7		8		2	
	2	3		9		6	4	

228

216.

5			4	6			1	
						9		5
					9		3	
3	7					2		
	1	2				6	9	
		6					4	7
	3				8			
	8		7	2				4
7		1						

228

217.

		6		3		8		
	5		2					3
	2	3		1		7		
	1				6	3		
6				2				4
		7	8	5			9	
		8		7		2	3	
9					3		6	
		5		4		1		

229

218.

		1						
4		5					3	
				6	7			9
					9		1	
							4	
	8	9			2			
			4	5				
	2							8

229

219.

		4						
				4		1	6	
	5		1					4
		3			4		5	7
	1			9			3	
5	7		2			6		
8					3		9	
	9	2		8				
						7		

229

220.

			7	2				
6							5	1
1					5			
			6		9	2		
		3						
		2		4		7		
					1		6	
		9						

229

221.

			3		2			6
	3			4		8		
		5		8		7		3
9	6							
	5	8	4		3		7	2
			7	5				
7					8	2		4
3			6					8
	8	1					6	

229

222.

2						8		
								6
5					1			
		6						
					3	1		
9		7					5	
8	3					2		
			9					
			6	7				

229

223.

3			5		2	6		
		6	4					
	4	8		3				
8	6							3
4				6		1		9
		7				4		6
6			9		1	2		
	8			2				
					5		6	1

230

224.

6								5
	7	9	6		5	2	4	
	5						6	
	8		7		6		3	
	4		2		8		1	
	3						7	
	9	5	1		4	6	8	
7								1

230

225.

			6	2			8	
			8			4		2
	4				1		6	
		4				8	5	7
9	1	8					2	
5						9		6
4	8		7					
		1	9		3			
		6		4				8

230

226.

						5		
3				9			7	
	6		1		2			9
1	3			2	4	9		
		4	9	7			1	3
9			3		6		8	
	1			8				4
		5						

230

227.

				5		6	1	
				8		4		
		2	6				5	9
	8			9				
		1					6	3
					7		4	
6					9			
4	1				3			
	7	5	2					6

230

228.

4	1	5						
						2	6	
			3	7	5			
2	3							8
			9		1			
6							2	7
			2	4	8			
	5	7						
						9	3	6

230

229.

		3		2			8	6
			7	1				
1	4					9		
					8			4
7								
				4		1		
3								
		8			6			

231

230.

	5				1	4		
2		3				7		
	7		3			1	8	2
		4		5				7
			1		3			
8				2		6		
1	8	5			6		9	
		2				8		3
		6	4				7	

231

231.

					3			
			4		1		7	
			6	2		5		4
8				1		7		9
	2	1	3				5	
4	7					2	1	
					2			
9				4	6			
	6	3	5	8				

231

232.

		8						3
					9	2		1
2				5				
				2			1	
	7					6		2
			9					
8								
		2						
		6	1	8		3		

231

233.

	1				8	4		7
9	5							
		8		1				
	8	2						
7			4		6			8
						6	2	
				5		7		
							8	3
5		3	2				1	

231

234.

		7			6	8		
1		6	8		4			
	5	4			7		6	
	6		7					
2	7					6		9
					2			8
		9	2				8	7
3			1				4	
					9	3	1	

231

235.

6				4			9	
5							1	
	7							
1		8						
	2		4					8
				1		6	2	
								1
		3						
		1		6				

232

236.

6	2			3			7	
			2					4
1		4				2		
	4	6			2			
			4	7				1
	1				9	4		
7				2	1		4	
			6					8
4		3				5	1	

232

237.

	1	8		3			9	6
3				7				8
7	9			8		4	1	
					9			5
			7	4			8	1
	8		1			6	7	
	2	4			7		6	
6	5			9	8			
8			2					

232

238.

		5	3			6		
9	1							
	3	6	9		8			
	7						2	
		9				7		
6		2					4	3
					1	5		4
	5		8				7	
			7	5		2	8	

232

239.

1	7	3				5	9	8
	4							6
		5	9	8			4	
			3	7				
			2	9				
		9					7	
2	6	4				9	3	1
	8							4
		7	1	4			6	

232

240.

		1	4	9		5		
			8				9	
9								4
		6		5			7	
	2		9		4			3
1	5			8		6		
2					8			
	1						3	
		9		3	5	7		

232

241.

1						2		
		7		8	5			
					6	4		3
6				9			4	
			4		8			
	5			2				1
2		8	6					
			3	1		8		
		9						2

233

242.

8	5		2	7			6	
		7			9			4
				6				
				4			8	
	4		3			7	5	
	7			5	2			
				2				
4			1			8		
	8			9			3	1

233

243.

5	6	8	7				2	9
		3	6		2		7	
7			3		5	8		
2	4	5	9					3
	8		5	7			9	2
3	7	9	1					5
		6			9	2		7
8				5		3		6
1	5	7	2	3				8

233

244.

4							9	
3								
	6		5			1		
8					9		2	
	7					5		
					3			
	5							
					8		3	
	1		7					

233

245.

3							4	
2	9							
				7	4			
		5						
		7		1	8			
							2	3
4			2					
		8			5	1		

233

246.

3	8		5				6	
		5	2	7				
							1	
					6		3	
	2	7	9					
1					3			
			4			2		
6								

233

247.

		8					3	
2		9		6				
5			1		3			4
8					4	9		
		3	6					8
3			5		7			9
				1		6		2
	4					5		

234

第七章

勇攀高峰，数独终极挑战

248.

	8		4		2		6	
1		7		6		4		8
	4		1		9		7	
6		9		3		1		4
	2		9		8		5	
8		1		5		3		2
	3		5		1		4	
5		2		4		7		9
	6		7		3		1	

234

249.

3				9	2	1	7	
	4		1					
		5				8		
1			5		4		9	
	9						6	
	8		6		9			7
		1				9		
					5		3	
	5	2	9	6				1

234

250.

1		6	2		3	9	7	
7			4			6		1
	2		6	7				3
	9	7			6		1	
				1	8			2
		8	7	2				
					2			
			8	5	7			
3		9						

234

251.

	8		3	2	9			5
2	9	7		1		3		
	5			4		2	9	6
9	1	5	4		2			7
6		2	1		3	4		9
8			9		7	1	5	2
7	2	1		9			6	
		8		3		9	7	4
3			8	7	6		2	

234

252.

		8		4		7		9
9			2	8			3	1
	7				6			
1	8	7	6		5	3		4
		4		3		6		
6		3	7		4	2	5	8
			1				2	
4	6			7	3			5
8		5		6		9		3

234

253.

9	1		5				3	
	5		1				4	6
7	3		4					9
		9		8		1		
5	8						9	7
			9	5				
3			2				8	1
2	4						5	
	6						7	4

235

254.

1	9		7			6		
	3		1	4	6		9	
	6	7	5			8	3	
5		6			7			4
	4	9	8		1	5	2	
8			9			1		7
	5	2			8	3	1	
	7		6	2	9		5	
		4			5		7	9

235

255.

			3	6	9	7		
2		3			4	9		6
	8		7				3	
1		8		3		6		9
	3		4		2		7	
7		4		1		5		3
	5				8		9	
9		7	2			4		8
		2	9	7	1			

235

256.

	4	7			1	9	8	
6				2	5			7
3			9					1
	6			3		1		9
			6		7			
5		2		9			6	
	1		2				9	
		3		8	6	2		
7	2				9		3	6

235

257.

6	7			1			2	5
4	5		2	6	7			3
1		3	9		5	6	7	
	6	5		2	1	7	3	
8		1	7	9		2		
	4	2	6		3	9	8	1
3	9				2	5		7
5		4	1	7	9		6	2
	1	7	5	3		8	4	9

235

258.

1	2			4			6	7
5		6		7		9		1
	8		1	6	3		2	
		4	6		2	5		
2	3	7		5		6	1	8
		8	7		1	2		
	6		3	2	4		5	
3		5		9		1		2
4	9			1			8	6

235

259.

7	1				5			6
		9	2	6			3	4
		2	9			8		
5				4		6	2	
1			7		3			9
	8	3		5				7
		5			8	3		
4	3			7	2	9		
9			4				5	1

236

260.

5		2		8	1	7		6
1		4	6	9	3			
		8		7	5	1	4	3
3	1			2			5	9
	9		5		4		8	
4	8			1			7	2
6	4	3	9	5		2		
			8	3	2	9		4
8		9	1	4		5		7

236

261.

		4		5				
	8				4	3	2	
	6		7	8				5
	7					2		
6		8		2		9		4
		2					7	
5				1	6		9	
	1	6	9				4	
				4		8		

236

262.

3		1	4		5	7		2
		7	8	6	2	9	3	
8	9	2		1			5	4
	1	3		7	4		9	8
7		5	9			2	1	6
	8	9	5	2	1			3
1	3	4		5				9
		6	1	8	9	3		7
9	7		3			1	2	5

236

263.

	5	9	3					
			4					2
		2		9		3	7	
		8					5	4
			6		2			
1	9					8		
	4	7		6		9		
6	2				9			
					5	2	6	

236

264.

9		5	3				7	
2					9			
1		7		5		8		
					4	1		3
8								2
3		2	5					
		3		2		9		4
			1					5
	1				3	6		8

236

265.

			4	6	9			
5		1		7		3	6	
		9					8	7
2	3	7	1					5
	9		3		6		7	
1					7	8	4	3
8	7					1		
	6	5		1		9		4
			6	2	3			

237

266.

	9	1			6	8	2	
8	3		2				1	5
	2			1			7	
2		9	5	8				
		3				5		
				7	4	2		6
	7			9			6	
4	8				1		9	7
	1	6	3			4	5	

237

267.

	3		8			9		4
8		4		3			6	
	6		4	2	9		3	
	4	2			6	7		9
	8				7			3
3	5		9	1			4	
		9		8		3		5
4		8		9				7
		3	6		2		9	

237

268.

				1		2	4	
5	4	9			6			8
	1		9		7	6		
7								3
	6	4		8		7	2	
1								4
		7	8		1		9	
8			4			3	5	7
	9	5		2				

237

269.

6			7			9		
	7			1	8		2	
8		2	3		5		7	4
2		5		7		8		6
	6	9	5		2		4	1
	3			9		7		
9	4			5	6		3	
1			8		7	5		9
		6	2		9			7

237

270.

			3	8			1	
	9					8		
4		8			9			7
			8	5		3		
		1				2		
		5		9	2			
1			6			4		8
		3					9	
	2			7	4			

237

271.

1	9		4					6
4		6						
	8		2			1		
3	7			2	9			
			3	6	7			
			8	5			7	2
		7			8		4	
						6		9
9					1		8	7

238

272.

	9	7	3					6
	2		4				1	7
	5		8		9	3	2	
	4		1	6				
1	8	6					7	9
			2	9		4	6	
8					4	7	9	5
5		4	9	3	1			
9		2						

238

273.

			7	3				
3								2
		2			1	6	9	
4	5				7	2	8	
		1				5		
	7	8	5				4	9
	1	9	6			3		
6								5
				2	9			

238

274.

4			7					8
	5			2			4	
		8			3	9		
2		6	3	1	8	4		5
				5				
8	3		6		4		9	1
	2	4			7	5	3	
3	7			6			1	2
			9					

238

275.

		6	4					
5		9			7		6	
3				8	5			
6	1			4		3		
4	8						5	1
		3		6			4	2
			9	3				7
	9		2			4		3
					1	9		

238

276.

9					1		8	7
						6		9
		7			8		4	
			8	5			7	2
			3	6	7			
3	7			2	9			
	8		2			1		
4		6						
1	9		4					6

238

277.

9		2	8		7	1		3
	7	6				5	8	
				9				
4			9		3			2
		3				9		
7			4					6
				3				
	9	1				7	4	
8		4	5		9	6		1

239

278.

		4	5	1	6			7
5	7	8		4		9		
						3		
					4		3	
		7				5		
	3		8					
		3						
		1		3		2	4	9
9			2	7	8	1		

239

279.

	3				9			
	6		2				9	8
2			7	6				
				7		6	8	
		9	8		3	4		
	4	1		5				
				9	2			3
4	1				5		2	
		3					4	

239

280.

	8						5	
		2	6		8	1		
9		7		5		3		8
4			7		9			1
	2						7	
7			3		4			6
8		6		9		7		5
		5	4		1	9		
	1						2	

281.

	2		9	3		5		
1	5		4	2		3		
	8					6		2
9			5		4			
		1				8		
			2		1			7
7		6					5	
		5		1	2		3	4
		2		7	5		1	

282.

		3	4		2	5		8
1		5	7			3		
				3			7	
6	4							
	3			9			2	
							3	9
	5			4				
		2			6	9		5
4		6	5		3	7		

239

283.

		1		3		9		
			1		7			
3			8	9	4			1
	9	6		7		1	2	
8		2	3		9	6		7
	3	7		2		8	5	
9			7	4	2			6
			6		1			
		8		5		7		

240

284.

	4		8	3				6
	6	3			1	2		7
		1			9			2
		2	7		6	1		
4			1			8		
1		7	9			6	3	
5				6	7		2	

240

285.

				5	2	6	9	
2	8	9					4	
4							2	
9			3		7			
8								2
			2		1			6
	5							9
	9					1	7	5
	7	4	1	9				

240

286.

1	3	2						
5	4							
			4	9		1	2	
8	9		3				5	
				5	1	8		3
		8			3			9
			6		5		4	7
4	5		9				6	

240

287.

		2			3			
			6			9		1
8		9			4			
			9			3		
2	6						5	9
1		3			6			
			7			4		3
3		5			9			
			1			8		

240

288.

8								5
	6	4				3	9	
	1	9	5		6	2	4	
		1	8		5	4		
				9				
		5	3		4	1		
	5	6	7		8	9	1	
	2	3				5	8	
1								4

240

289.

8	7						4	2
						9		
	9	6		5		1	7	
7			6		3			5
	3						8	
9			8		7			1
	8	9		7		5	2	
2	1						6	3

241

290.

2	8		6	4		9		
				2		6		8
	4				3			
	5		4					
		6		9		2		
					7		1	
			5				7	
9		8		6				
		1		7	8			3

241

291.

3	4		7			6	1	
	7	8	5					2
2				4	6	7		
	6	1		8				9
9			1		4			7
5				7		8	2	
		6	3	5				4
4					1	9	5	
	5	3			2		7	6

241

292.

			3	5				
5	8		7	4			6	3
						7		
	7			6		5		
	6		2		5		1	
		1		9			7	
		2						
6	1			2	8		4	9
				3	9			

241

293.

		4						
	8	5	3				1	
		1				4	8	6
				8			3	
			2	1	7			
	7			4				
1	9	3				5		
	2				5	9	4	
						7		

241

294.

					6		3	
			8			4		
	4		3				1	8
			6				7	
			4	9	8			1
8		9	1		2			
	2	5				9	6	
1	6	7						
					4			

241

295.

7				3				8
		1				4		
	4		1		6		9	
		5	6		7	2		
2								4
		3	5		8	6		
	7		2		4		5	
		4				7		
9				1				3

242

296.

8	5				2	9		
				5	3			
			8					1
					1			
2	8			7		4	1	
	3	4		6				5
9	7				5	2		3
	2				4			
								8

242

297.

7								
	5	1		9				7
3				2	5			
			8			5		
	3		4		2		7	
		2			9			
	6		3	5				4
4				1		3	2	
								8

242

第八章

游戏答案

001.

9	7	8	3	4	6	1	2	5
5	2	6	1	8	9	3	4	7
1	3	4	2	5	7	8	6	9
6	8	9	5	2	1	4	7	3
7	4	5	9	3	8	2	1	6
2	1	3	6	7	4	5	9	8
8	9	2	7	1	3	6	5	4
4	5	7	8	6	2	9	3	1
3	6	1	4	9	5	7	8	2

002.

7	8	4	2	1	6	3	5	9
2	3	5	8	9	4	6	1	7
6	1	9	3	5	7	4	8	2
8	4	2	6	7	1	5	9	3
1	7	3	9	8	5	2	4	6
9	5	6	4	2	3	1	7	8
4	9	1	7	6	2	8	3	4
5	6	8	1	3	9	7	2	5
3	2	7	5	4	8	9	6	1

003.

7	6	4	1	9	5	3	8	2
2	5	8	4	7	3	9	6	1
9	3	1	8	6	2	7	4	5
8	1	2	9	4	6	5	3	7
6	7	9	5	3	8	1	2	4
5	4	3	7	2	1	6	9	8
4	2	7	3	5	9	8	1	6
1	9	6	2	8	7	4	5	3
3	8	5	6	1	4	2	7	9

004.

1	3	4	6	5	8	9	2	7
6	7	9	2	4	3	1	5	8
8	5	2	1	9	7	6	3	4
9	4	7	8	3	2	5	1	6
5	1	3	4	7	6	8	9	2
2	6	8	5	1	9	4	7	3
7	8	6	9	2	5	3	4	1
3	9	1	7	6	4	2	8	5
4	2	5	3	8	1	7	6	9

005.

4	8	9	6	3	7	1	2	5
2	3	5	9	4	1	7	6	8
6	1	7	2	8	5	3	4	9
8	2	6	7	9	3	4	5	1
5	9	3	4	1	6	8	7	2
1	7	4	8	5	2	9	3	6
9	6	8	5	7	4	2	1	3
7	5	1	3	2	8	6	9	4
3	4	2	1	6	9	5	8	7

006.

9	2	8	4	3	6	7	5	1
4	3	1	5	7	2	9	6	8
6	7	5	1	9	8	3	4	2
2	8	3	6	5	9	4	1	7
1	4	6	7	2	3	5	8	9
5	9	7	8	4	1	6	2	3
3	6	2	9	1	4	8	7	5
8	5	9	2	6	7	1	3	4
7	1	4	3	8	5	2	9	6

007.

1	7	8	6	2	9	3	4	5
9	4	2	5	7	3	6	1	8
6	3	5	8	1	4	2	7	9
2	9	6	1	4	7	5	8	3
3	5	1	9	8	6	7	2	4
7	8	4	2	3	5	1	9	6
8	6	7	4	5	2	9	3	1
4	2	9	3	6	1	8	5	7
5	1	3	7	9	8	4	6	2

008.

6	7	9	8	2	4	3	5	1
1	3	4	7	5	9	8	2	6
5	2	8	3	6	1	7	9	4
9	8	7	6	4	2	5	1	3
4	6	3	1	8	5	9	7	2
2	5	1	9	3	7	4	6	8
8	9	6	2	7	3	1	4	5
7	4	2	5	1	8	6	3	9
3	1	5	4	9	6	2	8	7

009.

5	7	8	4	6	9	3	1	2
9	2	6	3	1	8	4	7	5
3	1	4	7	2	5	8	6	9
2	9	3	6	7	4	1	5	8
8	4	1	5	9	2	7	3	6
7	6	5	8	3	1	2	9	4
1	5	9	2	4	7	6	8	3
6	8	2	1	5	3	9	4	7
4	3	7	9	8	6	5	2	1

010.

8	3	6	5	4	7	2	9	1
5	2	9	1	3	6	7	4	8
7	4	1	9	8	2	6	5	3
3	8	5	6	7	4	9	1	2
6	9	4	8	2	1	5	3	7
1	7	2	3	5	9	4	8	6
9	6	8	2	1	5	3	7	4
2	1	7	4	9	3	8	6	5
4	5	3	7	6	8	1	2	9

011.

5	8	1	9	7	3	2	4	6
3	7	6	5	2	4	9	1	8
2	9	4	6	1	8	7	5	3
1	4	7	3	8	5	6	9	2
8	2	9	7	4	6	5	3	1
6	5	3	2	9	1	4	8	7
9	6	5	8	3	2	1	7	4
4	3	2	1	5	7	8	6	9
7	1	8	4	6	9	3	2	5

012.

5	3	4	6	2	1	8	7	9
8	2	7	9	5	4	1	3	6
6	9	1	8	3	7	2	5	4
9	8	2	7	1	5	4	6	3
4	7	5	3	8	6	9	2	1
3	1	6	4	9	2	7	8	5
7	6	8	5	4	9	3	1	2
2	4	3	1	6	8	5	9	7
1	5	9	2	7	3	6	4	8

013.

6	3	2	7	8	5	9	1	4
8	7	5	1	9	4	6	2	3
9	4	1	3	6	2	7	8	5
4	8	3	2	1	9	5	7	6
1	9	7	6	5	3	2	4	8
2	5	6	4	7	8	1	3	9
5	1	4	8	2	6	3	9	7
3	2	9	5	4	7	8	6	1
7	6	8	9	3	1	4	5	2

014.

8	2	7	3	5	1	4	9	6
5	6	3	8	9	4	1	7	2
1	4	9	6	2	7	5	3	8
7	9	2	5	1	3	6	8	4
6	5	8	4	7	9	3	2	1
4	3	1	2	6	8	9	5	7
2	7	4	1	3	5	8	6	9
3	8	6	9	4	2	7	1	5
9	1	5	7	8	6	2	4	3

015.

1	7	8	9	6	3	5	2	4
9	5	2	1	4	8	7	3	6
6	4	3	5	7	2	9	1	8
5	1	6	4	9	7	3	8	2
2	8	7	3	1	6	4	5	9
4	3	9	2	8	5	6	7	1
7	2	4	6	5	1	8	9	3
8	9	1	7	3	4	2	6	5
3	6	5	8	2	9	1	4	7

016.

7	6	3	9	1	5	8	4	2
2	9	1	8	7	4	5	6	3
8	5	4	3	6	2	9	1	7
6	8	9	2	5	7	1	3	4
3	4	7	1	8	9	2	5	6
5	1	2	4	3	6	7	8	9
9	7	8	6	4	1	3	2	5
4	3	5	7	2	8	6	9	1
1	2	6	5	9	3	4	7	8

017.

9	7	4	2	8	1	3	6	5
8	5	1	4	3	6	9	2	7
3	6	2	5	9	7	8	1	4
5	1	9	3	4	8	6	7	2
6	2	3	1	7	9	5	4	8
7	4	8	6	5	2	1	9	3
4	8	6	7	1	3	2	5	9
2	3	5	9	6	4	7	8	1
1	9	7	8	2	5	4	3	6

018.

2	7	3	6	9	5	1	4	8
8	9	5	3	1	4	7	2	6
4	6	1	2	8	7	5	3	9
5	3	7	1	4	8	6	9	2
1	8	2	9	5	6	4	7	3
9	4	6	7	3	2	8	1	5
6	2	4	5	7	3	9	8	1
7	5	9	8	2	1	3	6	4
3	1	8	4	6	9	2	5	7

019.

7	6	1	9	3	2	8	4	5
9	3	5	1	8	4	2	6	7
4	8	2	7	5	6	1	3	9
8	9	7	6	2	1	3	5	4
5	2	4	8	9	3	7	1	6
6	1	3	8	4	7	9	2	8
3	7	8	4	1	5	6	9	2
2	5	9	3	6	8	4	7	1
1	4	6	2	7	9	5	8	3

020.

8	5	7	9	3	6	2	1	4
1	9	6	8	4	2	5	7	3
2	3	4	5	7	1	9	6	8
3	7	8	2	5	9	1	4	6
5	2	1	6	8	4	7	3	9
4	6	9	7	1	3	8	2	5
9	1	3	4	2	5	6	8	7
6	8	2	3	9	7	4	5	1
7	4	5	1	6	8	3	9	2

021.

7	8	1	9	2	6	3	5	4
9	3	2	5	4	1	6	8	7
5	4	6	7	8	3	9	1	2
1	2	4	3	5	8	7	6	9
3	5	9	1	6	7	2	4	8
6	7	8	4	9	2	1	3	5
8	9	7	6	1	4	5	2	3
2	6	5	8	3	9	4	7	1
4	1	3	2	7	5	8	9	6

022.

7	1	8	3	2	9	5	6	4
9	2	3	6	4	5	8	7	1
5	6	4	8	7	1	3	2	9
1	5	2	7	9	8	6	4	3
4	9	6	5	1	3	2	8	7
3	8	7	2	6	4	1	9	5
6	3	5	9	8	7	4	1	2
2	7	1	4	5	6	9	3	8
8	4	9	1	3	2	7	5	6

023.

6	8	1	5	4	9	2	7	3
4	9	2	3	7	8	5	1	6
7	5	3	2	6	1	8	9	4
2	4	8	9	3	5	1	6	7
3	6	5	7	1	4	9	2	8
1	7	9	6	8	2	4	3	5
9	2	7	8	5	6	3	4	1
5	3	4	1	9	7	6	8	2
8	1	6	4	2	3	7	5	9

024.

9	8	7	1	6	5	2	4	3
2	1	5	3	9	4	7	6	8
4	6	3	8	2	7	5	9	1
6	3	9	7	5	1	4	8	2
1	7	4	2	8	3	9	5	6
8	5	2	9	4	6	3	1	7
7	4	6	5	3	8	1	2	9
5	9	1	6	7	2	8	3	4
3	2	8	4	1	9	6	7	5

025.

9	7	8	1	3	2	4	6	5
5	3	1	4	7	6	9	2	8
6	2	4	9	5	8	7	3	1
7	8	2	5	1	9	6	4	3
3	1	9	6	4	7	8	5	2
4	6	5	8	2	3	1	7	9
8	4	7	3	9	5	2	1	6
1	5	6	2	8	4	3	9	7
2	9	3	7	6	1	5	8	4

028.

5	8	1	4	6	2	7	3	9
7	2	6	5	3	9	1	4	8
4	3	9	8	1	7	5	2	6
3	7	8	2	5	4	9	6	1
1	5	2	7	9	6	3	8	4
9	6	4	3	8	1	2	7	5
6	4	7	9	2	5	8	1	3
2	9	3	1	4	8	6	5	7
8	1	5	6	7	3	4	9	2

026.

4	1	6	3	5	8	9	2	7
5	2	8	4	9	7	1	3	6
3	7	9	2	1	6	4	5	8
2	3	4	1	8	9	6	7	5
8	5	7	6	4	2	3	9	1
6	9	1	5	7	3	8	4	2
7	4	5	9	6	1	2	8	3
9	6	2	8	3	5	7	1	4
1	8	3	7	2	4	5	6	9

029.

1	6	4	7	9	8	2	5	3
9	3	8	6	2	5	1	4	7
5	7	2	1	4	3	8	9	6
7	4	9	5	1	6	3	8	2
8	2	1	4	3	7	9	6	5
6	5	3	2	8	9	4	7	1
4	8	6	3	5	1	7	2	9
3	9	7	8	6	2	5	1	4
2	1	5	9	7	4	6	3	8

027.

6	2	5	9	8	3	4	7	1
8	1	4	6	7	2	3	5	9
9	3	7	4	1	5	2	8	6
5	8	6	3	9	1	7	2	4
2	4	3	7	5	6	1	9	8
7	9	1	8	2	4	5	6	3
3	7	9	2	4	8	6	1	5
4	5	8	1	6	7	9	3	2
1	6	2	5	3	9	8	4	7

030.

1	8	5	7	9	6	3	2	4
7	9	2	4	3	1	6	8	5
3	6	4	2	5	8	7	9	1
2	5	7	3	6	9	1	4	8
4	1	6	8	7	5	9	3	2
9	3	8	1	4	2	5	7	6
5	4	9	6	8	3	2	1	7
8	2	3	5	1	7	4	6	9
6	7	1	9	2	4	8	5	3

031.

7	6	9	2	1	4	5	8	3
2	3	1	8	5	6	4	9	7
5	8	4	9	7	3	6	1	2
4	1	2	5	8	7	3	6	9
9	7	6	3	2	1	8	4	5
3	5	8	4	6	9	7	2	1
1	2	5	6	3	8	9	7	4
8	4	7	1	9	5	2	3	6
6	9	3	7	4	2	1	5	8

034.

1	5	7	9	6	4	8	3	2
4	3	6	2	8	1	5	7	9
8	2	9	5	3	7	1	6	4
7	4	8	3	1	5	9	2	6
5	9	1	6	7	2	4	8	3
3	6	2	8	4	9	7	5	1
2	1	4	7	5	6	3	9	8
6	8	5	4	9	3	2	1	7
9	7	3	1	2	8	6	4	5

032.

4	8	1	2	3	5	6	9	7
5	9	3	4	6	7	8	1	2
2	6	7	1	8	9	4	3	5
1	5	2	8	4	6	3	7	9
9	3	4	7	2	1	5	8	6
8	7	6	5	9	3	1	2	4
3	4	5	9	1	2	7	6	8
6	2	8	3	7	4	9	5	1
7	1	9	6	5	8	2	4	3

035.

8	6	3	7	9	1	5	2	4
5	9	2	3	8	4	6	7	1
4	7	1	6	2	5	8	9	3
7	4	5	9	1	8	3	6	2
9	2	6	5	3	7	4	1	8
3	1	8	4	6	2	9	5	7
2	5	7	8	4	9	1	3	6
1	3	4	2	5	6	7	8	9
6	8	9	1	7	3	2	4	5

033.

1	9	8	4	2	3	5	6	7
5	2	4	9	6	7	3	1	8
6	7	3	8	5	1	2	4	9
8	5	2	7	4	9	6	3	1
9	4	6	1	3	5	8	7	2
3	1	7	2	8	6	4	9	5
4	8	9	6	1	2	7	5	3
2	3	1	5	7	4	9	8	6
7	6	5	3	9	8	1	2	4

036.

1	3	2	4	8	7	6	5	9
7	4	9	5	3	6	2	1	8
8	6	5	9	2	1	4	7	3
9	5	7	6	1	4	8	3	2
3	8	4	7	5	2	1	9	6
6	2	1	3	9	8	5	4	7
5	7	8	2	4	9	3	6	1
4	1	6	8	7	3	9	2	5
2	9	3	1	6	5	7	8	4

037.

9	2	8	4	3	6	7	5	1
4	3	1	5	7	2	9	6	8
6	7	5	1	9	8	3	4	2
2	8	3	6	5	9	4	1	7
1	4	6	7	2	3	5	8	9
5	9	7	8	4	1	6	2	3
3	6	2	9	1	4	8	7	5
8	5	9	2	6	7	1	3	4
7	1	4	3	8	5	2	9	6

038.

8	5	6	4	1	2	3	7	9
4	7	9	8	6	3	1	2	5
3	2	1	5	7	9	8	4	6
2	3	8	1	9	7	5	6	4
1	6	4	3	8	5	7	9	3
5	9	7	6	3	4	2	8	1
6	1	5	9	2	8	4	3	7
7	4	2	3	5	6	9	1	8
9	8	3	7	4	1	6	5	2

039.

4	1	6	9	8	2	5	3	7
8	3	7	4	1	5	9	6	2
5	9	2	6	7	3	1	8	4
6	8	3	2	5	1	7	4	9
2	7	4	8	9	6	3	5	1
9	5	1	7	3	4	8	2	6
1	2	9	3	4	8	6	7	5
3	6	5	1	2	7	4	9	8
7	4	8	5	6	9	2	1	3

040.

1	6	2	7	5	9	8	3	4
8	7	3	4	2	6	9	1	5
4	5	9	1	3	8	7	6	2
6	2	4	9	7	5	1	8	3
3	1	7	8	6	4	2	5	9
5	9	8	3	1	2	6	4	7
9	3	1	6	4	7	5	2	8
7	4	5	2	8	1	3	9	6
2	8	6	5	9	3	4	7	1

041.

9	3	1	7	2	8	6	5	4
6	8	2	9	4	5	1	7	3
7	5	4	6	3	1	8	9	2
5	1	3	4	8	7	9	2	6
4	6	8	5	9	2	7	3	1
2	9	7	3	1	6	5	4	8
8	4	5	2	6	9	3	1	7
3	7	6	1	5	4	2	8	9
1	2	9	8	7	3	4	6	5

042.

1	3	7	8	2	5	9	4	6
6	8	4	7	3	9	2	1	5
5	2	9	1	4	6	8	7	3
3	5	1	2	7	8	6	9	4
2	7	6	9	1	4	3	5	8
9	4	8	5	6	3	7	2	1
4	9	5	3	8	7	1	6	2
8	6	2	4	9	1	5	3	7
7	1	3	6	5	2	4	8	9

043.

8	1	2	9	4	3	6	7	5
5	4	3	8	7	6	9	2	1
9	7	6	2	1	5	8	4	3
1	2	8	4	5	7	3	9	6
4	5	9	3	6	8	2	1	7
6	3	7	1	2	9	4	5	8
2	6	4	5	3	1	7	8	9
3	8	1	7	9	2	5	6	4
7	9	5	6	8	4	1	3	2

044.

4	7	3	8	9	2	5	6	1
5	8	6	1	4	3	7	9	2
9	1	2	7	5	6	8	4	3
7	2	8	9	3	5	6	1	4
6	9	4	2	1	8	3	7	5
1	3	5	6	7	4	2	8	9
3	6	1	5	8	9	4	2	7
8	4	9	3	2	7	1	5	6
2	5	7	4	6	1	9	3	8

045.

5	1	6	3	2	7	8	9	4
2	7	3	8	9	4	6	1	5
8	4	9	5	6	1	2	3	7
6	5	1	2	4	9	3	7	8
4	8	7	1	5	3	9	6	2
3	9	2	7	8	6	5	4	1
1	3	8	9	7	2	4	5	6
9	6	5	4	1	8	7	2	3
7	2	4	6	3	5	1	8	9

046.

7	8	3	6	1	2	4	9	5
4	2	6	8	9	5	1	3	7
9	5	1	4	7	3	6	2	8
5	6	8	9	3	7	2	1	4
1	3	7	2	4	6	8	5	9
2	9	4	1	5	8	7	6	3
6	4	2	5	8	9	3	7	1
8	7	9	3	6	1	5	4	2
3	1	5	7	2	4	9	8	6

047.

5	8	3	1	7	2	9	4	6
9	4	2	5	6	8	7	1	3
1	6	7	9	3	4	8	5	2
2	9	1	7	8	5	6	3	4
8	7	5	6	4	3	1	2	9
4	3	6	2	9	1	5	7	8
6	1	9	4	2	7	3	8	5
7	2	8	3	5	9	4	6	1
3	5	4	8	1	6	2	9	7

048.

7	9	4	3	5	8	7	2	1
1	3	8	2	6	9	5	7	4
6	2	5	7	1	4	9	3	8
3	7	1	5	8	2	4	9	6
2	8	6	4	9	1	3	5	7
4	5	9	6	3	7	1	8	2
5	1	3	8	7	6	2	4	9
8	6	2	9	4	5	7	1	3
9	4	7	1	2	3	8	6	5

049.

5	1	2	9	8	4	3	6	7
6	3	7	5	1	2	9	8	4
9	4	8	3	6	7	2	5	1
2	6	1	8	3	9	4	7	5
8	7	9	6	4	5	1	3	2
3	5	4	2	7	1	6	9	8
7	8	3	1	2	6	5	4	9
1	9	6	4	5	8	7	2	3
4	2	5	7	9	3	8	1	6

050.

3	5	9	1	6	4	2	8	7
4	6	2	8	5	7	1	3	9
8	7	1	9	3	2	4	5	6
5	1	8	7	2	9	3	6	4
6	3	4	5	1	8	7	9	2
2	9	7	3	4	6	5	1	8
9	2	5	6	7	1	8	4	3
7	8	3	4	9	5	6	2	1
1	4	6	2	8	3	9	7	5

051.

3	7	1	6	4	5	8	9	2
9	2	8	3	7	1	4	5	6
6	5	4	9	2	8	1	7	3
7	3	9	2	1	4	6	8	5
5	8	6	7	3	9	2	4	1
4	1	2	5	8	6	9	3	7
2	6	3	4	9	7	5	1	8
1	4	7	8	5	2	3	6	9
8	9	5	1	6	3	7	2	4

052.

8	9	4	7	5	1	2	6	3
7	6	3	8	4	2	1	5	9
5	1	2	9	6	3	4	8	7
2	3	8	4	9	6	5	7	1
4	7	6	1	3	5	9	2	8
9	5	1	2	9	7	3	4	6
1	8	9	6	2	4	7	3	5
3	4	7	5	1	8	6	9	2
6	2	5	3	7	9	8	1	4

053.

4	6	9	5	2	8	1	7	3
1	3	5	7	6	9	4	8	2
8	7	2	1	3	4	5	6	9
2	5	3	4	9	7	6	1	8
6	4	1	8	5	2	9	3	7
7	9	8	3	1	6	2	5	4
9	2	7	6	8	1	3	4	5
3	8	6	9	4	5	7	2	1
5	1	4	2	7	3	8	9	6

054.

8	6	2	4	1	7	9	5	3
4	3	7	9	5	2	8	1	6
1	5	9	8	3	6	4	2	7
7	1	6	2	8	9	5	3	4
2	8	5	6	4	3	7	9	1
9	4	3	5	7	1	6	8	2
3	9	1	7	6	8	2	4	5
6	2	4	3	9	5	1	7	8
5	7	8	1	2	4	3	6	9

055.

6	7	2	5	3	4	9	8	1
8	9	5	7	1	2	4	3	6
1	3	4	8	6	9	5	2	7
7	5	3	6	8	1	2	4	9
9	1	6	4	2	5	3	7	8
4	2	8	3	9	7	6	1	5
2	8	1	9	4	6	7	5	3
3	6	7	2	5	8	1	9	4
5	4	9	1	7	3	8	6	2

058.

9	6	2	4	1	8	5	3	7
4	1	8	7	3	5	6	9	2
7	3	5	6	2	9	1	8	4
2	9	4	1	5	6	3	7	8
6	5	7	2	8	3	4	1	9
3	8	1	9	7	4	2	6	5
1	7	6	8	4	2	9	5	3
5	4	9	3	6	7	8	2	1
8	2	3	5	9	1	7	4	6

056.

3	8	5	4	7	2	9	6	1
1	9	7	3	6	5	4	2	8
2	4	6	1	8	9	5	7	3
6	5	9	2	3	7	1	8	4
4	2	3	9	1	8	6	5	7
8	7	1	6	5	4	3	9	2
7	3	8	5	9	1	2	4	6
5	1	2	8	4	6	7	3	9
9	6	4	7	2	3	8	1	5

059.

7	9	1	2	8	4	5	6	3
2	4	8	3	5	6	7	9	1
3	5	6	1	7	9	2	8	4
6	7	2	4	1	3	8	5	9
9	3	4	8	6	5	1	7	2
8	1	5	7	9	2	3	4	6
5	2	3	9	4	8	6	1	7
4	6	7	5	3	1	9	2	8
1	8	9	6	2	7	4	3	5

057.

8	5	7	9	3	6	2	1	4
1	9	6	8	4	2	5	7	3
2	3	4	5	7	1	9	6	8
3	7	8	2	5	9	1	4	6
5	2	1	6	8	4	7	3	9
4	6	9	7	1	3	8	2	5
9	1	3	4	2	5	6	8	7
6	8	2	3	9	7	4	5	1
7	4	5	1	6	8	3	9	2

060.

6	8	1	5	4	9	2	7	3
4	9	2	3	7	8	5	1	6
7	5	3	2	6	1	8	9	4
2	4	8	9	3	5	1	6	7
3	6	5	7	1	4	9	2	8
1	7	9	6	8	2	4	3	5
9	2	7	8	5	6	3	4	1
5	3	4	1	9	7	6	8	2
8	1	6	4	2	3	7	5	9

061.

5	8	7	1	9	3	2	6	4
6	9	3	7	2	4	5	8	1
4	1	2	6	5	8	7	9	3
9	2	5	8	1	7	4	3	6
8	3	6	5	4	2	9	1	7
7	4	1	9	3	6	8	5	2
2	7	9	3	8	1	6	4	5
3	6	8	4	7	5	1	2	9
1	5	4	2	6	9	3	7	8

062.

5	1	3	9	4	8	7	2	6
6	8	4	2	7	5	9	1	3
7	9	2	6	1	3	5	4	8
1	4	6	7	8	2	3	9	5
9	2	7	5	3	4	6	8	1
8	3	5	1	9	6	2	7	4
3	5	1	4	2	9	8	6	7
2	7	8	3	6	1	4	5	9
4	6	9	8	5	7	1	3	2

063.

8	3	9	5	6	2	4	7	1
4	1	6	7	8	3	5	9	2
7	5	2	1	9	4	8	6	3
9	6	5	3	1	7	2	8	4
1	4	8	6	2	9	7	3	5
3	2	7	8	4	5	9	1	6
5	9	1	2	3	8	6	4	7
6	7	4	9	5	1	3	2	8
2	8	3	4	7	6	1	5	9

064.

2	8	1	3	6	7	5	9	4
6	5	4	2	9	1	8	7	3
7	3	9	8	5	4	2	6	1
4	7	2	5	8	6	1	3	9
9	6	5	7	1	3	4	8	2
8	1	3	9	4	2	6	5	7
5	2	8	1	7	9	3	4	6
1	4	7	6	3	5	9	2	8
3	9	6	4	2	8	7	1	5

065.

3	9	4	5	1	6	8	2	7
5	7	8	3	4	2	9	1	6
6	1	2	9	8	7	3	5	4
8	5	9	7	2	4	6	3	1
4	2	7	1	6	3	5	9	8
1	3	6	8	5	9	4	7	2
2	6	3	4	9	1	7	8	5
7	8	1	6	3	5	2	4	9
9	4	5	2	7	8	1	6	3

066.

1	5	7	2	3	6	8	4	9
9	3	6	8	1	4	2	7	5
8	2	4	7	9	5	6	1	3
3	4	8	1	7	9	5	2	6
2	6	1	4	5	3	9	8	7
5	7	9	6	2	8	4	3	1
4	8	5	3	6	7	1	9	2
6	1	3	4	9	2	7	5	8
7	9	2	5	8	1	3	6	4

067.

5	6	2	3	8	7	9	1	4
3	9	7	1	4	5	8	2	6
4	1	8	2	6	9	5	3	7
2	7	4	8	5	1	3	6	9
9	8	1	7	3	6	2	4	5
6	3	5	4	9	2	7	8	1
1	5	9	6	2	3	4	7	8
7	4	3	5	1	8	6	9	2
8	2	6	9	7	4	1	5	3

070.

1	2	3	7	5	6	4	8	9
8	4	5	9	3	1	6	7	2
9	6	7	4	8	2	1	3	5
2	8	9	3	6	4	5	1	7
5	3	6	8	1	7	2	9	4
4	7	1	2	9	5	8	6	3
6	5	2	1	7	9	3	4	8
7	1	8	5	4	3	9	2	6
3	9	4	6	2	8	7	5	1

068.

9	1	4	6	2	3	7	5	8
3	6	5	7	1	8	9	2	4
8	7	2	9	4	5	1	3	6
1	5	6	2	9	7	8	4	3
4	9	8	3	5	6	2	7	1
2	3	7	1	8	4	6	9	5
6	2	9	5	3	1	4	8	7
5	4	1	8	7	2	3	6	9
7	8	3	4	6	9	5	1	2

071.

9	7	6	4	3	8	5	1	2
3	2	4	5	1	6	7	9	8
8	5	1	9	2	7	4	6	3
4	8	3	2	7	1	6	5	9
2	1	9	8	6	5	3	7	4
7	6	5	3	9	4	8	2	1
5	9	7	1	4	3	2	8	6
1	4	8	6	5	2	9	3	7
6	3	2	7	8	9	1	4	5

069.

9	7	4	6	5	1	8	3	2
1	2	5	7	3	8	4	6	9
6	8	3	4	9	2	1	5	7
5	1	7	9	2	4	6	8	3
3	4	8	1	6	7	9	2	5
2	6	9	5	8	3	7	4	1
4	9	2	3	7	6	5	1	8
7	3	6	8	1	5	2	9	4
8	5	1	2	4	9	3	7	6

072.

7	2	9	1	3	4	8	6	5
3	1	5	8	6	7	4	9	2
4	6	8	5	9	2	3	1	7
6	7	2	4	1	9	5	8	3
5	3	4	7	8	6	9	2	1
9	8	1	3	2	5	6	7	4
1	4	6	9	7	3	2	5	8
2	5	7	6	4	8	1	3	9
8	9	3	2	5	1	7	4	6

073.

4	1	7	6	9	3	8	2	5
5	9	6	2	8	4	1	7	3
3	2	8	5	1	7	4	6	9
6	4	1	7	3	5	2	9	8
2	7	5	8	4	9	6	3	1
8	3	9	1	6	2	5	4	7
9	6	3	4	5	1	7	8	2
7	5	4	9	2	8	3	1	6
1	8	2	3	7	6	9	5	4

074.

6	9	5	7	1	3	2	4	8
8	4	7	2	9	6	3	5	1
2	3	1	8	5	4	7	6	9
1	6	4	9	2	8	5	7	3
7	5	8	6	3	1	4	9	2
3	2	9	4	7	5	8	1	6
4	1	6	5	8	2	9	3	7
5	7	2	3	6	9	1	8	4
9	8	3	1	4	7	6	2	5

075.

2	6	3	4	9	1	7	5	8
5	8	1	7	2	6	3	4	9
4	9	7	5	3	8	6	2	1
9	2	6	3	8	5	1	7	4
7	1	4	9	6	2	8	3	5
8	3	5	1	7	4	2	9	6
3	7	8	6	5	9	4	1	2
6	4	9	2	1	7	5	8	3
1	5	2	8	4	3	9	6	7

076.

4	9	8	1	5	6	7	2	3
3	2	1	4	7	9	8	6	5
6	7	5	2	3	8	9	1	4
5	4	7	9	8	1	6	3	2
1	8	3	5	6	2	4	9	7
2	6	9	7	4	3	1	5	8
7	1	4	3	9	5	2	8	6
8	3	2	6	1	7	5	4	9
9	5	6	8	2	4	3	7	1

077.

7	8	1	5	4	6	2	3	9
3	9	5	1	7	2	4	6	8
2	6	4	8	3	9	1	7	5
9	5	6	7	8	4	3	1	2
8	7	3	9	2	1	6	5	4
1	4	2	6	5	3	9	8	7
5	3	9	4	1	7	8	2	6
6	2	8	3	9	5	7	4	1
4	1	7	2	6	8	5	9	3

078.

2	8	1	5	4	6	7	9	3
3	9	6	8	2	7	5	4	1
7	5	4	9	1	3	8	2	6
8	7	5	1	6	2	9	3	4
9	1	3	7	5	4	6	8	2
6	4	2	3	9	8	1	7	5
1	3	9	4	8	5	2	6	7
5	6	7	2	3	9	4	1	8
4	2	8	6	7	1	3	5	9

079.

9	6	1	3	8	4	7	2	5
8	4	5	7	6	2	3	9	1
3	2	7	1	5	9	8	6	4
6	9	8	4	7	1	2	5	3
5	7	2	9	3	8	1	4	6
4	1	3	5	2	6	9	8	7
7	8	9	6	4	3	5	1	2
2	3	6	8	1	5	4	7	9
1	5	4	2	9	7	6	3	8

080.

3	2	1	4	9	5	7	6	8
8	5	9	7	6	3	1	2	4
4	6	7	1	2	8	3	9	5
5	1	2	8	4	7	6	3	9
9	8	4	3	1	6	5	7	2
6	7	3	2	5	9	8	4	1
2	4	5	6	3	1	9	8	7
1	3	8	9	7	4	2	5	6
7	9	6	5	8	2	4	1	3

081.

1	5	9	3	6	7	8	2	4
2	3	6	4	1	8	9	5	7
7	4	8	9	5	2	6	1	3
4	7	2	6	9	1	3	8	5
9	6	3	5	8	4	1	7	2
5	8	1	7	2	3	4	9	6
3	1	4	8	7	5	2	6	9
6	2	7	1	3	9	5	4	8
8	3	5	2	4	6	9	3	1

082.

6	7	5	9	8	1	2	3	4
9	2	8	3	4	6	7	1	5
1	3	4	5	7	2	8	6	9
8	4	2	1	6	5	3	9	7
7	9	6	4	2	3	1	5	8
3	5	1	7	9	8	4	2	6
2	1	9	8	5	7	6	4	3
4	6	7	2	3	9	5	8	1
5	8	3	6	1	4	9	7	2

083.

5	2	4	1	7	9	8	3	6
3	9	1	8	5	6	4	2	7
6	8	7	3	4	2	5	9	1
7	4	9	6	2	3	1	8	5
1	6	2	7	8	5	9	4	3
8	5	3	4	9	1	7	6	2
9	1	6	5	3	4	2	7	8
4	3	8	2	1	7	6	5	9
2	7	5	9	6	8	3	1	4

084.

3	8	5	6	9	7	1	4	2
7	4	1	2	3	8	5	6	9
2	6	9	5	1	4	7	3	8
4	9	7	8	5	3	2	1	6
8	3	6	7	2	1	4	9	5
1	5	2	4	6	9	3	8	7
5	1	4	9	8	2	6	7	3
9	2	3	1	7	6	8	5	4
6	7	8	3	4	5	9	2	1

085.

7	6	1	2	5	8	9	4	3
8	9	2	7	3	4	6	1	5
5	4	3	9	6	1	8	2	7
1	3	9	6	7	2	4	5	8
2	5	8	3	4	9	1	7	6
6	7	4	8	1	5	3	9	2
3	2	7	1	9	6	5	8	4
9	8	5	4	2	3	7	6	1
4	1	6	5	8	7	2	3	9

088.

8	9	2	3	6	5	4	7	1
3	1	6	7	9	4	2	8	5
5	7	4	8	1	2	9	6	3
4	3	7	1	2	8	5	9	6
2	5	8	9	7	6	1	3	4
9	6	1	5	4	3	7	2	8
1	8	9	4	3	7	6	5	2
7	2	3	6	5	1	8	4	9
6	4	5	2	8	9	3	1	7

086.

9	2	3	6	1	7	8	4	5
4	1	7	3	8	5	9	2	6
5	8	6	4	9	2	1	7	3
8	4	1	9	5	6	2	3	7
6	7	9	8	2	3	4	5	1
3	5	2	1	7	4	6	8	9
2	9	5	7	6	8	3	1	4
7	6	4	2	3	1	5	9	8
1	3	8	5	4	9	7	6	2

089.

6	7	5	1	2	3	9	8	4
3	9	1	4	8	5	6	7	2
2	4	8	7	9	6	5	1	3
9	8	3	2	5	4	1	6	7
4	5	7	3	6	1	8	2	9
1	6	2	8	7	9	4	3	5
7	2	9	5	1	8	3	4	6
5	1	4	6	3	2	7	9	8
8	3	6	9	4	7	2	5	1

087.

9	8	2	6	1	4	7	3	5
6	4	5	3	9	7	1	2	8
1	7	3	5	8	2	4	9	6
4	5	6	7	2	8	9	1	3
3	1	7	9	6	5	2	8	4
2	9	8	4	3	1	5	6	7
5	3	9	1	4	6	8	7	2
7	2	1	8	5	3	6	4	9
8	6	4	2	7	9	3	5	1

090.

1	3	5	8	7	9	6	2	4
2	6	8	3	5	4	7	1	9
9	7	4	6	2	1	8	5	3
8	9	7	5	4	3	1	6	2
3	4	6	1	8	2	5	9	7
5	1	2	7	9	6	3	4	8
7	8	9	2	6	5	4	3	1
6	2	3	4	1	8	9	7	5
4	5	1	9	3	7	2	8	6

091.

9	5	8	4	3	1	6	2	7
4	6	3	8	7	2	5	9	1
1	2	7	6	9	5	4	8	3
7	3	6	2	5	8	1	4	9
5	8	1	9	6	4	7	3	2
2	4	9	7	1	3	8	6	5
3	9	4	5	8	7	2	1	6
6	7	2	1	4	9	3	5	8
8	1	5	3	2	6	9	7	4

092.

5	8	9	4	1	7	3	2	6
3	2	4	8	5	6	9	7	1
6	7	1	2	3	9	8	5	4
4	6	7	1	2	3	5	8	9
8	1	3	7	9	5	6	4	2
2	9	5	6	4	8	7	1	3
1	5	6	9	7	4	2	3	8
9	3	2	5	8	1	4	6	7
7	4	8	3	6	2	1	9	5

093.

7	1	8	3	9	6	4	2	5
6	3	4	5	2	7	8	1	9
2	9	5	8	1	4	3	7	6
1	2	9	6	5	3	7	4	8
5	7	6	1	4	8	9	3	2
8	4	3	9	7	2	5	6	1
4	8	7	2	6	9	1	5	3
3	6	1	7	8	5	2	9	4
9	5	2	4	3	1	6	8	7

094.

9	1	3	5	7	4	6	2	8
8	5	4	6	2	1	9	7	3
7	6	2	8	3	9	1	4	5
3	2	8	4	9	6	5	1	7
1	9	7	2	8	5	4	3	6
5	4	6	3	1	7	2	8	9
6	8	1	9	4	3	7	5	2
4	3	5	7	6	2	8	9	1
2	7	9	1	5	8	3	6	4

095.

3	2	8	5	7	1	9	4	6
4	9	7	3	2	6	1	8	5
6	1	5	4	8	9	2	3	7
1	6	9	7	4	3	5	2	8
7	3	2	8	1	5	4	6	9
8	5	4	9	6	2	3	7	1
9	8	1	2	3	7	6	5	4
2	7	6	1	5	4	8	9	3
5	4	3	6	9	8	7	1	2

096.

8	5	4	1	2	3	7	9	6
3	7	1	4	9	6	2	8	5
6	2	9	5	7	8	4	1	3
7	8	2	3	5	9	6	4	1
9	1	3	8	6	4	5	2	7
5	4	6	7	1	2	9	3	8
2	6	7	9	3	1	8	5	4
4	3	5	2	8	7	1	6	9
1	9	8	6	4	5	3	7	2

097.

4	2	6	1	7	5	8	3	9
7	8	3	2	9	6	4	5	1
9	5	1	8	4	3	7	2	6
6	4	7	3	8	2	1	9	5
1	3	8	9	5	4	6	7	2
2	9	5	6	1	7	3	4	8
5	7	2	4	6	1	9	8	3
3	6	9	7	2	8	5	1	4
8	1	4	5	3	9	2	6	7

098.

4	9	6	3	1	5	7	8	2
5	2	7	4	6	8	9	1	3
8	3	1	7	9	2	5	6	4
3	8	2	1	7	6	4	9	5
1	7	9	2	5	4	6	3	8
6	4	5	9	8	3	2	7	1
9	5	4	6	3	1	8	2	7
7	1	8	5	2	9	3	4	6
2	6	3	8	4	7	1	5	9

099.

6	7	5	3	2	1	8	9	4
4	2	8	7	9	6	3	1	5
3	9	1	4	5	8	6	2	7
8	4	3	9	7	5	1	6	2
7	5	9	6	1	2	4	8	3
1	6	2	8	3	4	5	7	9
9	8	6	2	4	3	7	5	1
2	1	4	5	8	7	9	3	6
5	3	7	1	6	9	2	4	8

100.

9	8	2	4	7	6	3	5	1
7	6	1	5	3	2	8	9	4
4	3	5	1	9	8	2	6	7
1	5	9	8	2	7	4	3	6
8	7	3	6	4	5	1	2	9
6	2	4	9	1	3	7	8	5
2	1	8	7	6	9	5	4	3
3	9	7	2	5	4	6	1	8
5	4	6	3	8	1	9	7	2

101.

9	5	8	6	2	3	1	7	4
1	6	4	7	5	9	2	8	3
7	3	2	4	1	8	5	9	6
2	1	3	8	9	6	4	5	7
8	7	9	5	3	4	6	2	1
5	4	6	1	7	2	9	3	8
4	2	5	3	6	7	8	1	9
3	8	1	9	4	5	7	6	2
6	9	7	2	8	1	3	4	5

102.

2	9	3	4	7	5	8	1	6
7	1	5	3	8	6	9	2	4
6	4	8	2	9	1	5	7	3
9	7	6	5	2	8	3	4	1
5	3	2	1	4	9	6	8	7
4	8	1	6	3	7	2	5	9
1	2	9	8	6	4	7	3	5
8	6	4	7	5	3	1	9	2
3	5	7	9	1	2	4	6	8

103.

9	7	8	1	5	6	2	3	4
3	1	5	8	4	2	9	6	7
2	4	6	7	3	9	1	5	8
8	9	3	6	2	7	4	1	5
6	2	1	5	8	4	7	9	3
4	5	7	3	9	1	6	8	2
7	3	9	2	6	5	8	4	1
1	8	4	9	7	3	5	2	6
5	6	2	4	1	8	3	7	9

106.

6	4	9	2	3	1	8	7	5
5	3	7	9	4	8	6	2	1
1	2	8	5	6	7	9	4	3
3	8	1	7	5	6	2	9	4
2	5	4	1	8	9	7	3	6
9	7	6	4	2	3	1	5	8
8	6	2	3	7	4	5	1	9
4	9	5	6	1	2	3	8	7
7	1	3	8	9	5	4	6	2

104.

2	5	9	7	4	8	1	3	6
7	3	1	9	2	6	4	5	8
8	6	4	3	5	1	7	2	9
4	9	6	5	8	3	2	1	7
1	7	3	2	6	9	5	8	4
5	8	2	4	1	7	9	6	3
9	1	7	6	3	2	8	4	5
3	4	8	1	7	5	6	9	2
6	2	5	8	9	4	3	7	1

107.

1	7	8	9	5	3	6	2	4
9	2	3	6	4	1	5	8	7
4	5	6	7	2	8	9	1	3
2	8	5	3	6	4	1	7	9
3	4	7	1	9	2	8	5	6
6	9	1	8	7	5	4	3	2
7	1	9	5	3	6	2	4	8
5	6	4	2	8	7	3	9	1
8	3	2	4	1	9	7	6	5

105.

8	3	5	2	7	4	6	9	1
6	2	9	3	8	1	7	5	4
7	1	4	6	9	5	3	8	2
1	6	8	7	5	2	9	4	3
9	4	7	8	1	3	2	6	5
3	5	2	9	4	6	1	7	8
2	8	3	5	6	7	4	1	9
4	9	6	1	2	8	5	3	7
5	7	1	4	3	9	8	2	6

108.

4	3	2	8	7	5	9	1	5
8	9	5	6	1	2	7	3	4
7	1	6	3	4	9	2	5	8
5	6	3	2	8	1	4	9	7
2	4	1	7	9	3	8	6	5
9	7	8	5	6	4	1	2	3
3	8	9	1	5	7	6	4	2
1	5	7	4	2	6	3	8	9
6	2	4	9	3	8	5	7	1

109.

2	9	8	5	4	3	7	1	6
7	4	3	6	9	1	5	8	2
1	6	5	7	8	2	3	4	9
6	2	7	8	3	5	4	9	1
8	3	4	1	6	9	2	5	7
5	1	9	2	7	4	8	6	3
4	7	1	3	5	6	9	2	8
3	5	2	9	1	8	6	7	4
9	8	6	4	2	7	1	3	5

112.

6	3	1	9	5	8	7	2	4
7	9	2	4	3	6	1	8	5
8	5	4	2	1	7	6	3	9
9	8	7	5	4	1	3	6	2
3	4	5	6	7	2	9	1	8
1	2	6	8	9	3	5	4	7
5	6	8	3	2	9	4	7	1
4	7	3	1	8	5	2	9	6
2	1	9	7	6	4	8	5	3

110.

4	3	9	7	2	1	5	6	8
8	5	7	9	3	6	1	4	2
6	2	1	4	8	5	3	9	7
3	9	5	8	6	4	2	7	1
7	6	8	2	1	9	4	5	3
1	4	2	3	5	7	9	8	6
9	1	3	5	7	8	6	2	4
2	7	4	6	9	3	8	1	5
5	8	6	1	4	2	7	3	9

113.

2	9	8	1	5	3	7	4	6
3	1	6	7	4	2	8	9	5
4	5	7	9	8	6	1	2	3
5	7	1	4	3	9	6	8	2
6	4	2	5	7	8	3	1	9
8	3	9	2	6	1	5	7	4
9	8	5	3	2	7	4	6	1
1	6	4	8	9	5	2	3	7
7	2	3	6	1	4	9	5	8

111.

6	3	2	5	4	8	9	1	7
7	8	1	2	9	3	6	4	5
9	5	4	1	7	6	2	8	3
8	2	3	4	6	1	7	5	9
1	9	7	8	3	5	4	2	6
5	4	6	7	2	9	8	3	1
3	7	8	9	1	2	5	6	4
4	6	5	3	8	7	1	9	2
2	1	9	6	5	4	3	7	8

114.

3	4	9	7	2	8	6	1	5
6	7	8	5	1	3	4	9	2
2	1	5	9	4	6	7	3	8
7	6	1	2	8	5	3	4	9
9	8	2	1	3	4	5	6	7
5	3	4	6	7	9	8	2	1
1	9	6	3	5	7	2	8	4
4	2	7	8	6	1	9	5	3
8	5	3	4	9	2	1	7	6

115.

7	1	8	5	2	4	3	6	9
6	2	4	3	7	9	5	8	1
3	9	5	1	8	6	2	4	7
4	8	7	9	3	5	6	1	2
9	5	2	6	1	8	4	7	3
1	6	3	7	4	2	8	9	5
5	3	6	8	9	1	7	2	4
8	4	1	2	5	7	9	3	6
2	7	9	4	6	3	1	5	8

118.

8	9	4	5	3	2	7	1	6
3	6	5	1	9	7	4	8	2
2	1	7	4	8	6	5	9	3
4	5	2	9	7	3	8	6	1
1	7	3	8	6	4	2	5	9
9	8	6	2	5	1	3	7	4
7	2	9	3	1	8	6	4	5
5	3	8	6	4	9	1	2	7
6	4	1	7	2	5	9	3	8

116.

1	2	7	4	9	3	8	5	6
5	3	8	1	2	6	4	9	7
4	9	6	7	5	8	1	2	3
8	6	5	9	1	2	3	7	4
9	4	3	6	7	5	2	8	1
7	1	2	8	3	4	9	6	5
2	5	4	3	8	7	6	1	9
6	7	9	2	4	1	5	3	8
3	8	1	5	6	9	7	4	2

119.

2	6	9	5	7	8	4	3	1
5	1	7	2	3	4	6	9	8
3	8	4	6	9	1	5	7	2
9	5	2	8	1	3	7	4	6
6	4	1	9	5	7	2	8	3
8	7	3	4	6	2	9	1	5
4	9	6	3	8	5	1	2	7
7	3	5	1	2	9	8	6	4
1	2	8	7	4	6	3	5	9

117.

9	3	4	6	8	5	7	1	2
6	5	1	2	7	3	9	8	4
2	7	8	9	1	4	5	6	2
4	1	3	7	5	8	6	2	9
8	9	7	4	6	2	3	5	1
5	6	2	1	3	9	8	4	7
3	4	6	5	9	1	2	7	8
7	2	9	8	4	6	1	3	5
1	8	5	3	2	7	4	9	6

120.

5	4	8	3	9	2	6	1	7
2	1	6	7	4	8	9	3	5
7	9	3	6	5	1	4	8	2
9	8	7	4	1	3	2	5	6
1	6	2	5	7	9	8	4	3
4	3	5	2	8	6	7	9	1
8	5	4	1	2	7	3	6	9
3	7	9	8	6	5	1	2	4
6	2	1	9	3	4	5	7	8

121.

2	8	7	6	4	1	9	3	5
3	1	5	7	2	9	6	4	8
6	4	9	8	5	3	7	2	1
1	5	2	4	8	6	3	9	7
7	3	6	1	9	5	2	8	4
8	9	4	2	3	7	5	1	6
4	6	3	5	1	2	8	7	9
9	7	8	3	6	4	1	5	2
5	2	1	9	7	8	4	6	3

124.

9	2	6	7	1	5	8	4	3
5	1	4	9	8	3	7	2	6
3	7	8	2	6	4	9	5	1
4	9	3	5	2	8	6	1	7
2	6	7	3	9	1	5	8	4
1	8	5	6	4	7	2	3	9
8	4	2	1	7	6	3	9	5
6	3	1	8	5	9	4	7	2
7	5	9	4	3	2	1	6	8

122.

3	9	6	4	8	2	5	7	1
7	4	2	5	1	9	8	6	3
1	8	5	3	7	6	2	9	4
8	3	1	9	4	7	6	2	5
5	6	7	1	2	3	9	4	8
9	2	4	6	5	8	3	1	7
4	7	9	3	6	5	1	8	2
2	1	3	8	9	4	7	5	6
6	5	8	7	2	1	4	3	9

125.

4	7	2	3	5	6	1	9	8
3	9	8	7	1	4	6	2	5
1	5	6	2	9	8	4	3	7
6	3	1	5	8	9	7	4	2
9	4	7	1	2	3	5	8	6
8	2	5	6	4	7	3	1	9
7	8	4	9	6	1	2	5	3
2	6	9	4	3	5	8	7	1
5	1	3	8	7	2	9	6	4

123.

2	6	4	1	8	9	3	7	5
7	8	5	3	6	4	2	1	9
9	3	1	7	5	2	4	8	6
4	1	2	5	8	9	6	3	7
3	6	5	2	1	7	8	9	4
8	7	9	6	4	3	1	5	2
1	9	3	4	7	6	5	2	8
6	2	7	8	3	5	9	4	1
5	4	8	9	2	1	7	6	3

126.

2	3	4	8	5	9	6	7	1
5	8	1	2	6	7	4	3	9
6	7	9	1	3	4	2	5	8
7	4	6	9	2	8	5	1	3
9	2	5	6	1	3	8	4	7
3	1	8	4	7	5	9	2	6
4	6	7	3	8	2	1	9	5
8	5	2	7	9	1	3	6	4
1	9	3	5	4	6	7	8	2

127.

8	6	9	1	7	3	4	5	2
1	4	5	9	8	2	7	6	3
2	7	3	6	4	5	8	1	9
4	5	8	7	3	6	9	2	1
3	1	2	8	9	4	5	7	6
6	9	7	5	2	1	3	4	8
5	2	4	3	6	8	1	9	7
7	8	1	2	5	9	6	3	4
9	3	6	4	1	7	2	8	5

128.

7	4	1	2	3	5	9	6	8
2	8	9	1	6	7	4	3	5
3	6	5	8	9	4	2	7	1
4	9	6	5	7	8	1	2	3
8	5	2	3	1	9	6	4	7
1	3	7	4	2	6	8	5	9
9	1	3	7	4	2	5	8	6
5	7	4	6	8	1	3	9	2
6	2	8	9	5	3	7	1	4

129.

4	6	5	7	3	1	9	2	8
3	9	1	8	2	4	6	5	7
8	7	2	9	6	5	4	3	1
6	1	3	5	8	2	7	4	9
9	8	4	1	7	3	2	6	5
2	5	7	6	4	9	1	8	3
7	4	8	3	1	6	5	9	2
5	3	6	2	9	7	8	1	4
1	2	9	4	5	8	3	7	6

130.

2	6	3	8	4	7	1	5	9
7	1	8	5	2	9	3	4	6
9	5	4	6	3	1	8	2	7
6	4	5	9	8	3	2	7	1
1	7	9	2	5	4	6	3	8
3	8	2	1	7	6	4	9	5
8	3	1	7	9	2	5	6	4
5	2	7	4	6	8	9	1	3
4	9	6	3	1	5	7	8	2

131.

8	5	3	7	9	1	6	4	2
9	2	6	5	4	8	7	3	1
4	1	7	3	6	2	8	9	5
5	6	4	1	7	3	2	8	9
7	3	9	8	2	4	1	5	6
1	8	2	9	5	6	3	7	4
6	9	5	2	3	7	4	1	8
2	7	8	4	1	9	5	6	3
3	4	1	6	8	5	9	2	7

132.

8	6	3	1	7	5	4	2	9
1	9	4	8	3	2	6	5	7
7	5	2	9	4	6	3	8	1
5	8	9	3	6	1	2	7	4
2	4	6	7	5	9	8	1	3
3	1	7	4	2	8	5	9	6
6	7	5	2	1	4	9	3	8
9	2	1	6	8	3	7	4	5
4	3	8	5	9	7	1	6	2

133.

2	1	7	4	9	5	8	6	3
5	6	4	2	3	8	7	1	9
3	8	9	1	7	6	5	2	4
9	5	2	8	4	7	6	3	1
6	3	1	5	2	9	4	8	7
7	4	8	6	1	3	2	9	5
4	9	6	3	5	2	1	7	8
1	2	3	7	8	4	9	5	6
8	7	5	9	6	1	3	4	2

134.

4	9	6	3	1	5	7	8	2
5	2	7	4	6	8	9	1	3
8	3	1	7	9	2	5	6	4
3	8	2	1	7	6	4	9	5
1	7	9	2	5	4	6	3	8
6	4	5	9	8	3	2	7	1
9	5	4	6	3	1	8	2	7
7	1	8	5	2	9	3	4	6
2	6	3	8	4	7	1	5	9

135.

8	7	4	9	1	2	5	3	6
1	9	3	7	5	6	4	8	2
2	5	6	8	4	3	7	9	1
7	1	2	6	8	4	3	5	9
6	3	5	1	7	9	8	2	4
4	8	9	2	3	5	1	6	7
5	2	1	3	9	7	6	4	8
3	6	7	4	2	8	9	1	5
9	4	8	5	6	1	2	7	3

136.

6	7	4	9	5	1	3	8	2
5	1	8	3	2	4	9	7	6
3	9	2	6	7	8	1	4	5
9	4	6	2	8	5	7	3	1
1	3	7	4	6	9	2	5	8
2	8	5	1	3	7	6	9	4
4	2	9	5	1	3	8	6	7
8	5	1	7	9	6	4	2	3
7	6	3	8	4	2	5	1	9

137.

4	8	1	9	7	5	6	2	3
3	2	9	1	6	8	4	5	7
7	5	6	3	2	4	1	9	8
2	6	8	5	1	7	9	3	4
9	7	4	2	3	6	5	8	1
1	3	5	4	8	9	7	6	2
8	4	3	6	5	1	2	7	9
5	9	7	8	4	2	3	1	6
6	1	2	7	9	3	8	4	5

138.

7	5	1	8	4	9	2	3	6
6	9	4	5	2	3	1	7	8
3	8	2	7	6	1	4	5	9
8	6	7	1	5	4	3	9	2
4	3	5	2	9	8	7	6	1
2	1	9	6	3	7	8	4	5
1	2	6	4	7	5	9	8	3
9	7	8	3	1	6	5	2	4
5	4	3	9	8	2	6	1	7

139.

8	5	7	6	4	2	9	3	1
6	3	2	9	7	1	8	4	5
9	1	4	3	8	5	2	7	6
1	4	6	5	9	7	3	2	8
2	8	3	4	1	6	7	5	9
5	7	9	8	2	3	1	6	4
4	6	1	7	3	9	5	8	2
7	2	8	1	5	4	6	9	3
3	9	5	2	6	8	4	1	7

142.

7	1	4	2	8	5	6	9	3
3	9	8	6	4	1	7	2	5
6	5	2	9	3	7	4	8	1
2	7	6	5	1	9	8	3	4
8	3	5	4	2	6	9	1	7
1	4	9	3	7	8	2	5	6
5	6	3	8	9	4	1	7	2
4	8	1	7	5	2	3	6	9
9	2	7	1	6	3	5	4	8

140.

4	5	3	9	1	7	2	6	8
2	1	9	6	8	5	3	4	7
7	6	8	2	4	3	5	1	9
6	2	4	7	5	1	8	9	3
8	9	1	3	2	6	7	5	4
3	7	5	4	9	8	1	2	6
9	8	6	5	7	2	4	3	1
5	4	7	1	3	9	6	8	2
1	3	2	8	6	4	9	7	5

143.

7	9	2	1	8	3	5	4	6
6	4	5	7	2	9	1	8	3
1	3	8	6	4	5	9	2	7
2	7	9	3	1	4	8	6	5
5	8	4	2	9	6	3	7	1
3	6	1	8	5	7	4	9	2
9	2	6	4	3	1	7	5	8
4	1	7	5	6	8	2	3	9
8	5	3	9	7	2	6	1	4

141.

1	3	7	5	2	4	8	6	9
4	9	5	7	6	8	3	2	1
2	8	6	1	3	9	5	4	7
6	2	3	4	9	5	1	7	8
5	4	8	6	7	1	9	3	2
7	1	9	2	8	3	6	5	4
8	6	1	3	4	2	7	9	5
3	5	4	9	1	7	2	8	6
9	7	2	8	5	6	4	1	3

144.

6	8	4	9	5	3	7	2	1
9	1	5	7	4	2	6	8	3
7	2	3	6	8	1	4	5	9
1	5	6	2	3	9	8	4	7
8	7	9	4	6	5	1	3	2
4	3	2	1	7	8	5	9	6
2	9	7	5	1	4	3	6	8
3	4	1	8	9	6	2	7	5
5	6	8	3	2	7	9	1	4

145.

9	1	6	8	2	5	7	4	3
7	2	5	3	4	6	1	9	8
4	3	8	9	7	1	6	2	5
5	7	9	1	6	2	8	3	4
6	4	3	5	9	8	2	7	1
2	8	1	7	3	4	9	5	6
1	6	2	4	5	9	3	8	7
8	5	7	2	1	3	4	6	9
3	9	4	6	8	7	5	1	2

146.

4	6	1	9	7	8	2	3	5
2	9	3	4	5	1	7	8	6
5	7	8	2	6	3	9	4	1
7	1	6	3	2	4	8	5	9
3	8	5	6	1	9	4	7	2
9	2	4	7	8	5	1	6	3
1	4	2	5	3	7	6	9	8
8	3	7	1	9	6	5	2	4
6	5	9	8	4	2	3	1	7

147.

4	2	3	8	7	1	5	6	9
8	1	7	9	5	6	3	4	2
5	9	6	3	2	4	8	7	1
9	4	8	1	6	3	2	5	7
2	3	5	7	4	8	9	1	6
6	7	1	2	9	5	4	8	3
7	5	2	6	8	9	1	3	4
1	8	9	4	3	7	6	2	5
3	6	4	5	1	2	7	9	8

148.

1	8	3	5	9	6	7	2	4
7	6	4	2	3	8	5	9	1
2	5	9	1	4	7	6	8	3
3	4	8	9	2	1	5	7	6
5	7	6	3	8	4	1	9	2
9	2	1	7	6	5	3	4	8
4	9	5	8	1	3	2	6	7
6	1	7	4	5	2	8	3	9
8	3	2	6	7	9	4	1	5

149.

8	9	1	4	3	6	2	5	7
5	2	4	9	7	8	6	3	1
6	3	7	2	5	1	9	8	4
4	8	6	7	9	5	1	2	3
7	1	3	8	2	4	5	6	9
9	5	2	6	1	3	4	7	8
2	7	5	3	4	9	8	1	6
3	6	9	1	8	2	7	4	5
1	4	8	5	6	7	3	9	2

150.

4	2	6	1	7	5	8	3	9
7	8	3	2	9	6	4	5	1
9	5	1	8	4	3	7	2	6
6	4	7	3	8	2	1	9	5
1	3	8	9	5	4	6	7	2
2	9	5	6	1	7	3	4	8
5	7	2	4	6	1	4	8	3
3	6	9	7	2	8	7	1	4
8	1	4	5	3	9	5	6	7

151.

1	2	5	7	6	9	4	3	8
3	6	8	5	4	2	9	1	7
9	7	4	8	1	3	5	6	2
4	9	6	1	2	8	7	5	3
8	5	2	6	3	7	1	4	9
7	1	3	4	9	5	2	8	6
5	4	7	9	8	6	3	2	1
2	8	1	3	7	4	6	9	5
6	3	9	2	5	1	8	7	4

152.

5	9	7	6	2	3	4	8	1
4	6	8	9	1	7	3	5	2
2	1	3	8	5	4	9	6	7
3	2	4	5	9	1	8	7	6
6	8	1	7	3	2	5	4	9
7	5	9	4	8	6	1	2	3
9	7	2	3	4	5	6	1	8
8	4	6	1	7	9	2	3	5
1	3	5	2	6	8	7	9	4

153.

9	4	7	5	6	2	3	8	1
1	2	6	9	8	3	5	4	7
8	5	3	1	4	7	2	9	6
2	9	5	3	1	4	7	6	8
3	7	1	8	2	6	9	5	4
4	6	8	7	5	9	1	3	2
7	8	2	6	9	5	4	1	3
6	3	9	4	7	1	8	2	5
5	1	4	2	3	8	6	7	9

154.

1	6	3	4	9	2	8	7	5
9	4	8	5	1	7	3	6	2
5	2	7	6	8	3	4	1	9
8	9	5	1	6	4	7	2	3
3	1	2	8	7	5	9	4	6
4	7	6	3	2	9	1	5	8
7	3	9	2	5	1	6	8	4
2	8	4	7	3	6	5	9	1
6	5	1	9	4	8	2	3	7

155.

4	8	3	1	9	6	5	2	7
5	7	1	3	4	2	6	9	8
2	6	9	8	5	7	4	1	3
3	9	6	5	8	1	2	7	4
7	1	2	6	3	4	8	5	9
8	5	4	7	2	9	3	6	1
6	2	8	9	1	3	7	4	5
1	3	7	4	6	5	9	8	2
9	4	5	2	7	8	1	3	6

156.

7	3	1	6	8	4	5	9	2
4	8	5	9	3	2	1	7	6
9	2	6	5	1	7	3	4	8
5	6	9	4	7	1	8	2	3
2	4	3	8	6	9	7	1	5
8	1	7	3	2	5	9	6	4
1	7	4	2	5	3	6	8	9
3	9	8	7	4	6	2	5	1
6	5	2	1	9	8	4	3	7

157.

2	7	9	6	4	3	1	5	8
6	1	8	2	7	5	4	3	9
3	5	4	1	8	9	6	2	7
7	3	2	4	9	6	8	1	5
8	6	1	5	2	7	9	4	3
9	4	5	8	3	1	2	7	6
4	9	7	3	6	2	5	8	1
1	8	6	7	5	4	3	9	2
5	2	3	9	1	8	7	6	4

158.

6	5	9	2	4	1	8	7	3
8	7	4	5	3	6	2	9	1
1	3	2	7	8	9	6	4	5
4	9	1	8	7	2	3	5	6
3	2	7	6	5	4	1	8	9
5	6	8	1	9	3	4	2	7
9	8	3	4	1	7	5	6	2
7	4	6	3	2	5	9	1	8
2	1	5	9	6	8	7	3	4

159.

7	9	5	1	3	4	6	8	2
1	3	6	8	5	2	7	9	4
4	8	2	7	9	6	1	5	3
9	1	8	3	2	7	5	4	6
3	6	4	5	8	9	2	7	1
5	2	7	4	6	1	8	3	9
8	7	9	2	6	3	4	1	5
6	5	3	4	1	8	9	7	2
2	4	1	9	7	5	3	6	8

160.

3	1	2	4	5	6	7	8	9
8	6	4	9	1	7	2	3	5
9	5	7	3	2	8	1	4	6
1	2	3	5	9	4	6	7	8
7	8	5	1	6	3	4	9	2
6	4	9	7	8	2	3	5	1
5	3	6	2	4	9	8	1	7
4	9	8	6	7	1	5	2	3
2	7	1	8	3	5	9	6	4

161.

1	6	7	2	9	8	3	4	5
2	9	8	3	5	4	1	6	7
3	4	5	6	1	7	2	8	9
4	7	1	5	8	3	9	2	6
5	8	2	9	4	6	7	3	1
6	3	9	7	2	1	8	5	4
7	5	4	8	3	9	6	1	2
8	2	6	1	7	5	4	9	3
9	1	3	4	6	2	5	7	8

162.

5	4	6	2	7	9	8	3	1
1	2	9	5	3	8	7	4	6
3	7	8	6	4	1	5	2	9
2	3	7	4	6	5	9	1	8
4	6	1	8	9	7	3	5	2
8	9	5	3	1	2	4	6	7
7	5	2	1	8	3	6	9	4
9	1	4	7	5	6	2	8	3
6	8	3	9	2	4	1	7	5

163.

2	7	3	8	6	4	1	9	5
9	8	4	7	1	5	2	6	3
5	1	6	9	3	2	4	8	7
4	2	9	3	5	7	8	1	6
7	6	8	4	2	1	5	3	9
3	5	1	6	8	9	7	2	4
1	3	5	2	7	6	9	4	8
6	9	2	5	4	8	3	7	1
8	4	7	1	9	3	6	5	2

164.

9	1	7	5	4	2	6	8	3
3	4	2	6	8	1	7	9	5
6	5	8	9	3	7	2	4	1
4	6	1	3	7	8	5	2	9
2	9	5	4	1	6	8	3	7
7	8	3	2	9	5	1	6	4
5	7	9	8	6	4	3	1	2
1	3	6	7	2	9	4	5	8
8	2	4	1	5	3	9	7	6

165

3	6	5	9	7	2	4	1	8
2	9	7	8	1	4	5	3	6
8	4	1	5	6	3	9	7	2
5	1	8	6	3	9	7	2	4
9	2	4	7	5	8	3	6	1
7	3	6	2	4	1	8	9	5
1	8	9	4	2	7	6	5	3
4	5	2	3	9	6	1	8	7
6	7	3	1	8	5	2	4	9

166.

6	2	8	7	1	3	9	4	5
7	3	5	9	2	4	8	6	1
9	4	1	8	6	5	3	7	2
8	1	3	2	5	6	4	9	7
5	6	7	1	4	9	2	3	8
4	9	2	3	7	8	1	5	6
1	5	4	6	9	2	7	8	3
3	7	9	5	8	1	6	2	4
2	8	6	4	3	7	5	1	9

167.

5	6	1	8	2	3	9	4	7
2	8	3	7	4	9	6	1	5
4	7	9	5	6	1	8	2	3
6	9	2	3	5	7	1	8	4
1	4	5	9	8	6	7	3	2
8	3	7	2	1	4	5	9	6
3	1	4	6	7	8	2	5	9
9	5	6	1	3	2	4	7	8
7	2	8	4	9	5	3	6	1

168.

7	3	1	6	8	4	5	9	2
4	8	5	9	3	2	1	7	6
9	2	6	5	1	7	3	4	8
5	6	9	4	7	1	8	2	3
2	4	3	8	6	9	7	1	5
8	1	7	3	2	5	9	6	4
1	7	4	2	5	3	6	8	9
3	9	8	7	4	6	2	5	1
6	5	2	1	9	8	4	3	7

169.

7	3	1	9	4	6	5	2	8
2	4	5	1	3	8	6	7	9
9	6	8	5	7	2	1	4	3
6	1	4	7	2	9	3	8	5
5	7	2	8	1	3	9	6	4
8	9	3	4	6	5	7	1	2
1	5	9	6	8	4	2	3	7
4	2	6	3	5	7	8	9	1
3	8	7	2	9	1	4	5	6

170.

3	5	2	7	4	8	6	1	9
9	1	8	3	2	6	7	4	5
6	7	4	5	9	1	3	2	8
1	2	6	8	5	9	4	3	7
5	9	7	1	3	4	8	6	2
8	4	3	2	6	7	9	5	1
7	3	1	4	8	5	2	9	6
2	6	5	9	7	3	1	8	4
4	8	9	6	1	2	5	7	3

171.

3	1	4	2	5	9	7	6	8
9	8	6	3	7	1	5	2	4
5	2	7	4	6	8	3	9	1
8	7	3	6	9	2	1	4	5
4	6	2	1	8	5	9	3	7
1	9	5	7	3	4	6	8	2
2	4	9	5	1	3	8	7	6
7	3	1	8	4	6	2	5	9
6	5	8	9	2	7	4	1	3

172.

6	3	4	7	9	5	2	1	8
8	2	5	6	3	1	9	4	7
9	7	1	2	4	8	5	6	3
5	8	7	4	2	3	1	9	6
2	4	9	1	6	7	3	8	5
1	6	3	5	8	9	7	2	4
7	9	8	3	1	4	6	5	2
4	5	6	9	7	2	8	3	1
3	1	2	8	5	6	4	7	9

173.

1	8	6	7	3	5	9	2	4
7	2	4	5	9	8	1	5	3
9	5	3	1	2	4	6	8	7
5	3	9	4	7	6	8	1	2
6	7	2	8	1	9	3	4	5
8	4	1	3	5	2	7	6	9
3	6	8	5	4	7	2	9	1
4	9	7	2	8	1	5	3	6
2	1	5	9	6	3	4	7	8

174.

5	9	2	4	3	6	1	7	8
7	8	4	2	1	5	9	3	6
1	3	6	9	8	7	5	4	2
3	2	7	5	6	8	4	1	9
4	5	1	3	2	9	6	8	7
8	6	9	7	4	1	2	5	3
9	7	3	6	5	4	8	2	1
2	4	8	1	9	3	7	6	5
6	1	5	8	7	2	3	9	4

175.

7	8	4	3	2	6	9	1	5
6	9	3	1	8	5	2	7	4
5	1	2	7	4	9	3	6	8
3	6	8	9	7	4	1	5	2
1	4	5	2	3	8	6	9	7
9	2	7	6	5	1	8	4	3
4	3	9	5	6	2	7	8	1
2	5	6	8	1	7	4	3	9
8	7	1	4	9	3	5	2	6

176.

8	6	5	4	2	7	9	3	1
4	2	9	6	1	3	5	7	8
3	7	1	9	8	5	4	6	2
1	5	2	7	3	6	8	9	4
9	3	4	8	5	1	7	2	6
6	8	7	2	4	9	1	5	3
2	4	6	5	7	8	3	1	9
7	1	8	3	9	2	6	4	5
5	9	3	1	6	4	2	8	7

177.

6	3	4	1	5	8	7	2	9
5	1	7	3	2	9	8	6	4
2	9	8	4	7	6	1	3	5
3	5	9	6	8	2	4	7	1
4	7	2	9	3	1	6	5	8
1	8	6	5	4	7	3	9	2
9	4	3	8	6	5	2	1	7
8	2	1	7	9	3	5	4	6
7	6	5	2	1	4	9	8	3

178.

1	9	3	5	7	2	4	8	6
8	5	7	9	6	4	3	2	1
2	6	4	1	3	8	9	5	7
3	4	2	8	9	7	6	1	5
5	8	1	2	4	6	7	9	3
6	7	9	3	5	1	8	4	2
9	3	8	6	1	5	2	7	4
7	1	6	4	2	9	5	3	8
4	2	5	7	8	3	1	6	9

179.

4	9	1	3	7	2	6	8	5
6	2	3	4	8	5	7	1	9
5	8	7	1	6	9	2	4	3
7	5	6	2	9	1	4	3	8
2	1	9	8	3	4	5	7	6
3	4	8	7	5	6	1	9	2
1	6	5	9	4	8	3	2	7
8	7	4	5	2	3	9	6	1
9	3	2	6	1	7	8	5	4

180.

1	8	6	9	2	5	3	4	7
9	2	7	3	4	8	1	6	5
4	3	5	6	7	1	8	9	2
3	4	9	1	6	2	7	5	8
5	1	2	4	8	7	9	3	6
6	7	8	5	9	3	4	2	1
2	6	3	7	1	9	5	8	4
7	9	4	8	5	6	2	1	3
8	5	1	2	3	4	6	7	9

181.

9	7	6	8	1	2	3	4	5
8	2	5	4	3	9	7	6	1
4	1	3	5	7	6	8	2	9
6	3	7	1	2	8	5	9	4
5	4	2	9	6	7	1	3	8
1	8	9	3	4	5	6	7	2
2	9	1	6	5	3	4	8	7
7	6	4	2	8	1	9	5	3
3	5	8	7	9	4	2	1	6

182.

7	6	5	3	8	9	2	4	1
2	3	4	6	7	1	5	9	8
9	8	1	5	4	2	6	7	3
8	7	9	2	3	6	4	1	5
4	5	2	9	1	7	8	3	6
6	1	3	8	5	4	7	2	9
5	2	8	7	9	3	1	6	4
3	4	6	1	2	8	9	5	7
1	9	7	4	6	5	3	8	2

183.

1	6	8	2	4	9	5	3	7
2	9	3	5	7	1	8	6	4
7	5	4	3	8	6	9	1	2
8	4	2	9	3	7	6	5	1
9	1	7	4	6	5	2	8	3
5	3	6	1	2	8	4	7	9
4	7	5	6	1	2	3	9	8
6	2	1	8	9	3	7	4	5
3	8	9	7	5	4	1	2	6

184.

3	8	4	1	2	6	5	7	9
2	6	9	3	7	5	8	4	1
5	1	7	9	4	8	2	3	6
8	4	1	5	6	9	3	2	7
6	7	5	2	3	4	9	1	8
9	2	3	7	8	1	6	5	4
1	9	6	4	5	2	7	8	3
4	3	2	8	9	7	1	6	5
7	5	8	6	1	3	4	9	2

185.

1	5	9	7	4	8	3	6	2
8	6	2	3	9	5	1	7	4
4	3	7	2	6	1	9	8	5
6	1	4	8	7	3	2	5	9
3	2	5	9	1	6	7	4	8
7	9	8	5	2	4	6	1	3
5	8	6	1	3	2	4	9	7
9	4	3	6	5	7	8	2	1
2	7	1	4	8	9	5	3	6

186.

7	3	6	9	2	4	8	1	5
2	5	1	7	6	8	9	3	4
8	9	4	1	5	3	2	7	6
5	4	8	3	9	6	1	2	7
3	1	2	5	4	7	6	9	8
6	7	9	2	8	1	4	5	3
4	2	7	8	3	9	5	6	1
1	6	5	4	7	2	3	8	9
9	8	3	6	1	5	7	4	2

187.

1	2	9	6	3	8	4	5	7
5	7	8	9	2	4	1	6	3
3	4	6	5	1	7	8	2	9
8	5	1	3	7	6	9	4	2
4	3	7	1	9	2	5	8	6
6	9	2	8	4	5	3	7	1
2	6	3	4	5	1	7	9	8
9	8	5	7	6	3	2	1	4
7	1	4	2	8	9	6	3	5

188.

5	8	1	7	4	9	2	6	3
7	3	9	2	1	6	4	5	8
6	2	4	8	3	5	9	1	7
1	6	2	9	8	3	5	7	4
4	9	7	1	5	2	8	3	6
3	5	8	6	7	4	1	9	2
9	7	6	4	2	1	3	8	5
8	4	5	3	9	7	6	2	1
2	1	3	5	6	8	7	4	9

189.

7	1	3	2	4	9	8	5	6
6	5	4	1	7	8	3	9	2
8	9	2	3	5	6	7	4	1
4	3	1	9	2	5	6	8	7
2	8	6	4	3	7	5	1	9
9	7	5	8	6	1	4	2	3
1	6	8	7	9	4	2	3	5
5	2	9	6	8	3	1	7	4
3	4	7	5	1	2	9	6	8

190.

2	7	1	4	8	9	5	3	6
9	4	3	6	5	7	8	2	1
5	8	6	1	3	2	4	9	7
7	9	8	5	2	4	6	1	3
3	2	5	9	1	6	7	4	8
6	1	4	8	7	3	2	5	9
4	3	7	2	6	1	9	8	5
8	6	2	3	9	5	1	7	4
1	5	9	7	4	8	3	6	2

191.

8	3	7	2	5	4	1	9	6
2	5	9	8	6	1	3	7	4
1	6	4	3	9	7	2	8	5
4	9	1	6	8	5	7	3	2
3	8	6	7	4	2	9	5	1
5	7	2	9	1	3	4	6	8
7	4	8	1	3	6	5	2	9
6	2	5	4	7	9	8	1	3
9	1	3	5	2	8	6	4	7

192.

6	1	2	7	9	5	3	8	4
5	7	3	1	4	8	9	2	6
9	8	4	2	3	6	1	5	7
8	2	9	4	6	1	7	3	5
3	4	1	5	7	2	6	9	8
7	6	5	9	8	3	2	4	1
4	5	6	3	2	7	8	1	9
1	3	8	6	5	9	4	7	2
2	9	7	8	1	4	5	6	3

193.

8	2	7	3	9	6	5	4	1
3	9	4	7	1	5	2	6	8
1	5	6	2	8	4	7	3	9
2	6	8	9	4	7	3	1	5
4	3	5	8	6	1	9	7	2
7	1	9	5	2	3	6	8	4
9	7	3	4	5	8	1	2	6
5	4	1	6	7	2	8	9	3
6	8	2	1	3	9	4	5	7

194.

8	9	4	5	7	2	6	3	1
7	6	1	9	3	8	5	4	2
5	3	2	1	6	4	7	8	9
4	7	3	2	9	6	1	5	8
6	5	8	7	4	1	9	2	3
2	1	9	8	5	3	4	6	7
1	8	6	4	2	9	3	7	5
3	2	5	6	1	7	8	9	4
9	4	7	3	8	5	2	1	6

195.

5	7	9	1	4	3	2	6	8
4	8	6	2	5	9	7	1	3
2	3	1	8	6	7	5	4	9
6	1	4	5	8	2	9	3	7
7	5	8	3	9	6	4	2	1
3	9	2	4	7	1	6	8	5
8	2	5	7	1	4	3	9	6
9	4	7	6	3	8	1	5	2
1	6	3	9	2	5	8	7	4

196.

1	2	8	4	6	7	5	9	3
6	9	5	8	1	3	4	7	2
7	4	3	2	9	5	8	1	6
5	6	4	7	3	8	9	2	1
9	8	2	6	4	1	7	3	5
3	1	7	5	2	9	6	8	4
8	3	9	1	5	6	2	4	7
2	7	6	3	8	4	1	5	9
4	5	1	9	7	2	3	6	8

197.

2	1	8	6	4	7	9	3	5
5	3	4	9	8	1	2	6	7
9	7	6	3	5	2	4	8	1
1	4	7	5	9	8	3	2	6
3	6	2	1	7	4	5	9	8
8	5	9	2	6	3	1	7	4
4	9	5	7	2	6	8	1	3
7	2	3	8	1	5	6	4	9
6	8	1	4	3	9	7	5	2

198.

8	4	1	6	5	9	7	3	2
7	5	9	4	3	2	1	8	6
3	2	6	1	7	8	5	4	9
4	1	7	3	9	6	2	5	8
2	3	8	5	4	1	6	9	7
6	9	5	2	8	7	4	1	3
5	6	3	9	2	4	8	7	1
9	8	2	7	1	5	3	6	4
1	7	4	8	6	3	9	2	5

199.

2	5	3	1	7	6	4	9	8
4	9	1	8	3	2	5	6	7
6	8	7	5	4	9	2	1	3
9	7	6	3	5	8	1	2	4
5	3	4	2	1	7	9	8	6
8	1	2	6	9	4	3	7	5
7	2	5	9	8	3	6	4	1
1	6	8	4	2	5	7	3	9
3	4	9	7	6	1	8	5	2

200.

2	4	9	6	1	8	3	5	7
3	6	8	2	5	7	9	4	1
7	1	5	3	4	9	8	2	6
6	9	7	8	3	5	2	1	4
8	3	1	7	2	4	6	9	5
5	2	4	1	9	6	7	8	3
4	8	2	5	6	3	1	7	9
9	7	3	4	8	1	5	6	2
1	5	6	9	7	2	4	3	8

201.

5	7	4	6	1	3	8	9	2
3	6	2	8	4	9	5	1	7
1	8	9	7	2	5	3	4	6
8	4	6	3	7	1	2	5	9
7	3	5	2	9	8	4	6	1
2	9	1	5	6	4	7	3	8
4	1	8	9	5	7	6	2	3
6	5	7	1	3	2	9	8	4
9	2	3	4	8	6	1	7	5

202.

9	4	1	2	6	7	5	8	3
6	3	7	5	4	8	9	1	2
5	2	8	1	3	9	6	7	4
7	1	6	3	8	4	2	5	9
3	9	2	7	5	1	4	6	8
4	8	5	9	2	6	7	3	1
1	5	9	8	7	2	3	4	6
2	7	4	6	1	3	8	9	5
8	6	3	4	9	5	1	2	7

203.

8	2	6	5	1	9	7	4	3
9	1	7	4	2	3	6	5	8
3	4	5	8	7	6	2	1	9
4	5	1	2	8	7	9	3	6
7	6	3	9	5	1	4	8	2
2	9	8	3	6	4	1	7	5
5	7	9	1	3	2	8	6	4
1	8	4	6	9	5	3	2	7
6	3	2	7	4	8	5	9	1

204.

8	5	1	3	6	9	2	4	7
3	2	7	8	1	4	6	5	9
4	9	6	7	5	2	8	3	1
9	1	4	5	8	7	3	6	2
7	8	3	4	2	6	1	9	5
2	6	5	1	9	3	7	8	4
5	4	8	6	7	1	9	2	3
6	7	9	2	3	5	4	1	8
1	3	2	9	4	8	5	7	6

205.

4	1	7	3	8	9	2	5	6
3	5	2	6	4	1	8	9	7
9	8	6	5	7	2	1	4	3
7	6	5	1	9	8	4	3	2
8	2	3	7	5	4	9	6	1
1	9	4	2	3	6	7	8	5
2	4	1	8	6	3	5	7	9
5	3	8	9	1	7	6	2	4
6	7	9	4	2	5	3	1	8

206.

5	7	1	2	3	9	8	4	6
2	4	8	1	7	6	3	5	9
3	6	9	4	8	5	2	7	1
9	1	5	7	2	4	6	8	3
4	8	3	6	9	1	5	2	7
7	2	6	8	5	3	9	1	4
6	5	7	9	1	8	4	3	2
1	3	4	5	6	2	7	9	8
8	9	2	3	4	7	1	6	5

207.

2	8	1	7	9	5	6	4	3
4	7	3	2	6	1	5	9	8
6	5	9	8	3	4	2	7	1
7	4	6	9	2	3	8	1	5
9	2	5	6	1	8	4	3	7
1	3	8	4	5	7	9	6	2
5	1	2	3	4	6	7	8	9
3	6	7	5	8	9	1	2	4
8	9	4	1	7	2	3	5	6

208.

1	6	8	9	5	3	2	7	4
7	9	3	2	4	1	8	6	5
4	2	5	8	7	6	9	3	1
2	8	1	6	9	7	5	4	3
9	4	7	3	2	5	1	8	6
3	5	6	4	1	8	7	9	2
5	3	4	7	8	2	6	1	9
8	1	9	5	6	4	3	2	7
6	7	2	1	3	9	4	5	8

209.

8	2	5	3	1	7	4	6	9
1	4	6	9	8	2	5	7	3
3	9	7	4	5	6	8	1	2
2	7	3	5	4	9	6	8	1
9	6	4	1	2	8	3	5	7
5	8	1	6	7	3	2	9	4
6	1	2	8	9	4	7	3	5
7	5	8	2	3	1	9	4	6
4	3	9	7	6	5	1	2	3

210.

4	5	1	6	3	9	8	7	2
8	2	3	4	1	7	6	9	5
6	9	7	2	5	8	1	3	4
3	1	4	5	9	6	7	2	8
9	8	2	3	7	1	4	5	6
7	6	5	8	4	2	9	1	3
1	4	8	7	2	5	3	6	9
2	3	9	1	6	4	5	8	7
5	7	6	9	8	3	2	4	1

211.

8	3	9	1	5	7	2	4	6
2	6	7	4	9	8	3	5	1
5	1	4	2	3	6	7	8	9
1	2	6	8	7	3	4	9	5
4	9	8	5	6	2	1	7	3
3	7	5	9	1	4	6	2	8
9	4	2	3	8	1	5	6	7
7	5	3	6	2	9	8	1	4
6	8	1	7	4	5	9	3	2

212.

2	1	4	8	9	6	7	5	3
8	7	9	4	5	3	1	6	2
5	6	3	7	2	1	9	4	8
6	3	8	5	1	2	4	7	9
1	4	5	3	7	9	8	2	6
7	9	2	6	8	4	5	3	1
9	2	7	1	3	5	6	8	4
3	8	6	9	4	7	2	1	5
4	5	1	2	6	8	3	9	7

213.

6	7	9	2	5	3	8	4	1
2	8	1	4	6	7	5	3	9
5	4	3	8	9	1	7	2	6
3	2	8	9	4	5	1	6	7
1	9	4	6	7	2	3	5	8
7	5	6	3	1	8	2	9	4
9	1	2	7	3	4	6	8	5
8	6	5	1	2	9	4	7	3
4	3	7	5	8	6	9	1	2

214.

4	2	6	8	1	9	7	5	3
1	5	9	4	7	3	2	6	8
8	3	7	2	6	5	1	9	4
9	1	5	3	4	2	8	7	6
6	4	2	9	8	7	5	3	1
7	8	3	6	5	1	9	4	2
2	9	1	5	3	4	6	8	7
3	7	8	1	9	6	4	2	5
5	6	4	7	2	8	3	1	9

215.

2	9	8	3	5	4	7	1	6
5	4	1	9	6	7	2	3	8
3	6	7	8	1	2	9	5	4
4	7	5	1	3	9	8	6	2
6	8	2	4	7	5	3	9	1
1	3	9	2	8	6	4	7	5
9	1	6	7	4	8	5	2	3
8	2	3	5	9	1	6	4	7
7	5	4	6	2	3	1	8	9

216.

5	9	8	4	6	3	7	1	2
6	4	3	2	1	7	9	8	5
1	2	7	5	8	9	4	3	6
3	7	9	1	4	6	2	5	8
4	1	2	8	7	5	6	9	3
8	5	6	7	3	2	1	4	7
2	3	4	6	9	8	5	7	1
9	8	5	7	2	1	3	6	4
7	6	1	3	5	4	8	2	9

217.

4	9	6	5	3	7	8	1	2
7	5	1	2	6	8	9	4	3
8	2	3	4	1	9	7	5	6
5	1	4	7	9	6	3	2	8
6	8	9	3	2	1	5	7	4
2	3	7	8	5	4	6	9	1
1	4	8	6	7	5	2	3	9
9	7	2	1	8	3	4	6	5
3	6	5	9	4	2	1	8	7

218.

7	9	1	5	3	4	2	8	6
4	6	5	9	2	8	7	3	1
8	3	2	1	6	7	4	5	9
5	4	3	6	7	9	8	1	2
2	7	6	8	1	5	9	4	3
1	8	9	3	4	2	6	7	5
9	1	8	4	5	6	3	2	7
3	2	4	7	9	1	5	6	8
6	5	7	2	8	3	1	9	4

219.

1	2	4	3	6	5	8	7	9
9	3	7	8	4	2	1	6	5
6	5	8	1	7	9	3	2	4
2	8	3	6	1	4	9	5	7
4	1	6	5	9	7	2	3	8
5	7	9	2	3	8	6	4	1
8	6	1	7	5	3	4	9	2
7	9	2	4	8	6	5	1	3
3	4	5	9	2	1	7	8	6

220.

5	4	1	7	2	6	9	8	3
9	3	8	1	5	4	6	2	7
6	2	7	8	9	3	4	5	1
1	9	6	2	3	5	8	7	4
8	7	4	6	1	9	2	3	5
2	5	3	4	8	7	1	9	6
3	6	2	5	4	8	7	1	9
4	8	5	9	7	1	3	6	2
7	1	9	3	6	2	5	4	8

221.

8	7	9	3	1	2	5	4	6
6	3	2	5	4	7	8	1	9
4	1	5	9	8	6	7	2	3
9	6	7	8	2	1	4	3	5
1	5	8	4	6	3	9	7	2
2	4	3	7	5	9	6	8	1
7	9	6	1	3	8	2	5	4
3	2	4	6	7	5	1	9	8
5	8	1	2	9	4	3	6	7

222.

2	9	3	7	4	6	8	1	5
7	4	1	8	5	9	3	2	6
5	6	8	3	2	1	7	9	4
3	1	6	5	9	7	4	8	2
4	8	5	2	6	3	1	7	9
9	2	7	1	8	4	6	5	3
8	3	9	4	1	5	2	6	7
6	7	2	9	3	8	5	4	1
1	5	4	6	7	2	9	3	8

223.

3	9	1	5	7	2	6	4	8
5	2	6	4	9	8	3	1	7
7	4	8	1	3	6	5	9	2
8	6	9	2	1	4	7	5	3
4	5	3	8	6	7	1	2	9
2	1	7	3	5	9	4	8	6
6	7	5	9	8	1	2	3	4
1	8	4	6	2	3	9	7	5
9	3	2	7	4	5	8	6	1

224.

6	2	3	8	4	7	1	9	5
1	7	9	6	3	5	2	4	8
4	5	8	9	2	1	3	6	7
9	8	2	7	1	6	5	3	4
5	1	7	4	9	3	8	2	6
3	4	6	2	5	8	7	1	9
8	3	1	5	6	9	4	7	2
2	9	5	1	7	4	6	8	3
7	6	4	3	8	2	9	5	1

225.

7	9	5	6	2	4	1	8	3
1	6	3	8	9	5	4	7	2
8	4	2	3	7	1	5	6	9
6	3	4	2	1	9	8	5	7
9	1	8	5	6	7	3	2	4
5	2	7	4	3	8	9	1	6
4	8	9	7	5	6	2	3	1
2	7	1	9	8	3	6	4	5
3	5	6	1	4	2	7	9	8

226.

4	9	1	7	6	3	5	2	8
3	5	2	4	9	8	1	7	6
7	6	8	1	5	2	4	3	9
1	3	6	8	2	4	9	5	7
5	7	9	6	3	1	8	4	2
8	2	4	9	7	5	6	1	3
9	4	7	3	1	6	2	8	5
2	1	3	5	8	9	7	6	4
6	8	5	2	4	7	3	9	1

227.

8	9	4	3	5	2	6	1	7
5	6	7	9	8	1	4	3	2
1	3	2	6	7	4	8	5	9
7	8	3	4	9	6	5	2	1
9	4	1	8	2	5	7	6	3
2	5	6	1	3	7	9	4	8
6	2	8	5	1	9	3	7	4
4	1	9	7	6	3	2	8	5
3	7	5	2	4	8	1	9	6

228.

4	1	5	8	6	2	3	7	9
7	8	3	1	9	4	2	6	5
9	2	6	3	7	5	8	1	4
2	3	4	7	5	6	1	9	8
5	7	8	9	2	1	6	4	3
6	9	1	4	8	3	5	2	7
3	6	9	2	4	8	7	5	1
1	5	7	6	3	9	4	8	2
8	4	2	5	1	7	9	3	6

229.

9	1	3	5	2	4	7	8	6
8	2	6	7	1	3	4	5	9
5	7	4	6	8	9	3	2	1
1	4	5	3	6	2	9	7	8
6	3	2	9	7	8	5	1	4
7	8	9	4	5	1	6	3	2
2	9	7	8	4	5	1	6	3
3	6	1	2	9	7	8	4	5
4	5	8	1	3	6	2	9	7

230.

6	5	8	2	7	1	4	3	9
2	1	3	8	9	4	7	5	6
4	7	9	3	6	5	1	8	2
9	2	4	6	5	8	3	1	7
5	6	7	1	4	3	9	2	8
8	3	1	9	2	7	6	4	5
1	8	5	7	3	6	2	9	4
7	4	2	5	1	9	8	6	3
3	9	6	4	8	2	5	7	1

231.

5	4	2	9	7	3	6	8	1
3	8	6	4	5	1	9	7	2
1	9	7	6	2	8	5	3	4
8	3	5	2	1	4	7	6	9
6	2	1	3	9	7	4	5	8
4	7	9	8	6	5	2	1	3
7	5	4	1	3	2	8	9	6
9	1	8	7	4	6	3	2	5
2	6	3	5	8	9	1	4	7

232.

4	6	8	2	7	1	9	5	3
3	5	7	4	6	9	2	8	1
2	9	1	3	5	8	7	4	6
6	8	9	7	2	3	5	1	4
1	7	3	8	4	5	6	9	2
5	2	4	9	1	6	8	3	7
8	1	5	6	3	7	4	2	9
7	3	2	5	9	4	1	6	8
9	4	6	1	8	2	3	7	5

233.

2	1	6	9	3	8	4	5	7
9	5	4	7	6	2	8	3	1
3	7	8	5	1	4	2	6	9
6	8	2	1	9	5	3	7	4
7	3	5	4	2	6	1	9	8
4	9	1	8	7	3	6	2	5
8	2	9	6	5	1	7	4	2
1	6	7	3	4	9	5	8	3
5	4	3	2	8	7	9	1	6

234.

9	3	7	5	1	6	8	2	4
1	2	6	8	3	4	7	9	5
8	5	4	9	2	7	1	6	3
4	6	3	7	9	8	2	5	1
2	7	8	4	5	1	6	3	9
5	9	1	3	6	2	4	7	8
6	1	9	2	4	3	5	8	7
3	8	2	1	7	5	9	4	6
7	4	5	6	8	9	3	1	2

235.

6	1	2	7	4	5	8	9	3
5	3	9	6	8	2	7	1	4
8	7	4	9	3	1	5	6	2
1	5	8	2	7	6	4	3	9
3	2	6	4	5	9	1	7	8
9	4	7	3	1	8	6	2	5
7	6	5	8	2	3	9	4	1
4	8	3	1	9	7	2	5	6
2	9	1	5	6	4	3	8	7

236.

6	2	5	1	3	4	8	7	9
8	7	9	2	5	6	1	3	4
1	3	4	7	9	8	2	5	6
5	4	6	3	1	2	9	8	7
9	8	2	4	7	5	3	6	1
3	1	7	8	6	9	4	2	5
7	9	8	5	2	1	6	4	3
2	5	1	6	4	3	7	9	8
4	6	3	9	8	7	5	1	2

237.

2	1	8	5	3	4	7	9	6
3	4	6	9	7	1	2	5	8
7	9	5	6	8	2	4	1	3
4	7	1	8	6	9	3	2	5
5	6	2	7	4	3	9	8	1
9	8	3	1	2	5	6	7	4
1	2	4	3	5	7	8	6	9
6	5	7	4	9	8	1	3	2
8	3	9	2	1	6	5	4	7

238.

4	2	5	3	1	7	6	9	8
9	1	8	5	2	6	4	3	7
7	3	6	9	4	8	1	5	2
5	7	1	4	9	3	8	2	6
3	4	9	6	8	2	7	1	5
6	8	2	1	7	5	9	4	3
8	9	7	2	3	1	5	6	4
2	5	4	8	6	9	3	7	1
1	6	3	7	5	4	2	8	9

239.

1	7	3	4	6	2	5	9	8
9	4	8	5	3	7	1	2	6
6	2	5	9	8	1	3	4	7
8	5	2	3	7	4	6	1	9
7	1	6	2	9	5	4	8	3
4	3	9	8	1	6	2	7	5
2	6	4	7	5	8	9	3	1
3	8	1	6	2	9	7	5	4
5	9	7	1	4	3	8	6	2

240.

6	3	1	4	9	2	5	8	7
4	7	5	8	1	3	2	9	6
9	8	2	5	7	6	3	1	4
3	9	6	2	5	1	4	7	8
7	2	8	9	6	4	1	5	3
1	5	4	3	8	7	6	2	9
2	1	3	7	4	8	9	6	5
5	4	7	6	2	9	8	3	1
8	6	9	1	3	5	7	4	2

241.

1	6	5	9	3	4	2	8	7
4	3	7	2	8	5	9	1	6
9	8	2	1	7	6	4	5	3
6	2	3	5	9	1	7	4	8
7	9	1	4	6	8	3	2	5
8	5	4	7	2	3	6	9	1
2	7	8	6	5	9	1	3	4
5	4	6	3	1	2	8	7	9
3	1	9	8	4	7	5	6	2

244.

4	2	5	8	6	1	3	9	7
3	8	1	9	2	7	4	5	6
9	6	7	5	3	4	1	8	2
8	3	6	1	5	9	7	2	4
1	7	9	4	8	2	5	6	3
5	4	2	6	7	3	8	1	9
2	5	8	3	4	6	9	7	1
7	9	4	2	1	8	6	3	5
6	1	3	7	9	5	2	4	8

242.

8	5	4	2	7	1	3	6	9
3	6	7	5	8	9	2	1	4
9	2	1	4	6	3	5	7	8
5	3	2	9	4	7	1	8	6
6	4	9	3	1	8	7	5	2
1	7	8	6	5	2	9	4	3
7	1	3	8	2	6	4	9	5
4	9	6	1	3	5	8	2	7
2	8	5	7	9	4	6	3	1

245.

3	7	1	5	2	9	6	4	8
2	9	4	8	6	3	5	1	7
5	8	6	1	7	4	2	3	9
8	3	5	9	4	2	7	6	1
6	2	7	3	1	8	4	9	5
1	4	9	7	5	6	8	2	3
4	1	3	2	8	7	9	5	6
7	5	2	6	9	1	3	8	4
9	6	8	4	3	5	1	7	2

243.

5	6	8	7	4	1	3	2	9
9	1	3	6	8	2	5	7	4
7	2	4	3	9	5	8	6	1
2	4	5	9	6	8	7	1	3
6	8	1	5	7	3	4	9	2
3	7	9	1	2	4	6	8	5
4	3	6	8	1	9	2	5	7
8	9	2	4	5	7	3	1	6
1	5	7	2	3	6	9	4	8

246.

3	8	1	5	4	9	7	6	2
4	6	5	2	7	1	3	9	8
2	7	9	3	6	8	4	1	5
5	1	4	8	2	6	9	3	7
8	2	7	9	3	4	6	5	1
9	3	6	1	5	7	8	2	4
1	4	2	6	8	3	5	7	9
7	9	3	4	1	5	2	8	6
6	5	8	7	9	2	1	4	3

247.

4	1	8	9	7	5	2	3	6
2	3	9	4	6	8	7	1	5
5	6	7	1	2	3	8	9	4
8	5	2	7	3	4	9	6	1
6	9	4	8	5	1	3	2	7
1	7	3	6	9	2	4	5	8
3	2	6	5	4	7	1	8	9
7	8	5	3	1	9	6	4	2
9	4	1	2	8	6	5	7	3

250.

1	4	6	2	8	3	9	7	5
7	8	3	4	9	5	6	2	1
9	2	5	6	7	1	8	4	3
2	9	7	3	4	6	5	1	8
6	3	4	5	1	8	7	9	2
5	1	8	7	2	9	3	6	4
8	7	1	9	3	2	4	5	6
4	6	2	8	5	7	1	3	9
3	5	9	1	6	4	2	8	7

248.

3	8	5	4	7	2	9	6	1
1	9	7	3	6	5	4	2	8
2	4	6	1	8	9	5	7	3
6	5	9	2	3	7	1	8	4
4	2	3	9	1	8	6	5	7
8	7	1	6	5	4	3	9	2
7	3	8	5	9	1	2	4	6
5	1	2	8	4	6	7	3	9
9	6	4	7	2	3	8	1	5

251.

4	8	6	3	2	9	7	1	5
2	9	7	6	1	5	3	4	8
1	5	3	7	4	8	2	9	6
9	1	5	4	8	2	6	3	7
6	7	2	1	5	3	4	8	9
8	3	4	9	6	7	1	5	2
7	2	1	5	9	4	8	6	3
5	6	8	2	3	1	9	7	4
3	4	9	8	7	6	5	2	1

249.

3	6	8	4	9	2	1	7	5
9	4	7	1	5	8	6	2	3
2	1	5	7	3	6	8	4	9
1	2	6	5	7	4	3	9	8
7	9	4	3	8	1	5	6	2
5	8	3	6	2	9	4	1	7
8	3	1	2	4	7	9	5	6
6	7	9	8	1	5	2	3	4
4	5	2	9	6	3	7	8	1

252.

2	5	8	3	4	1	7	6	9
9	4	6	2	8	7	5	3	1
3	7	1	5	9	6	8	4	2
1	8	7	6	2	5	3	9	4
5	2	4	8	3	9	6	1	7
6	9	3	7	1	4	2	5	8
7	3	9	1	5	8	4	2	6
4	6	2	9	7	3	1	8	5
8	1	5	4	6	2	9	7	3

253.

9	1	4	5	7	6	8	3	2
8	5	2	1	3	9	7	4	6
7	3	6	4	2	8	5	1	9
6	7	9	3	8	4	1	2	5
5	8	3	6	1	2	4	9	7
4	2	1	9	5	7	3	6	8
3	9	7	2	4	5	6	8	1
2	4	8	7	6	1	9	5	3
1	6	5	8	9	3	2	7	4

256.

2	4	7	3	6	1	9	8	5
6	9	1	8	2	5	3	4	7
3	8	5	9	7	4	6	2	1
8	6	4	5	3	2	1	7	9
1	3	9	6	4	7	8	5	2
5	7	2	1	9	8	4	6	3
4	1	6	2	5	3	7	9	8
9	5	3	7	8	6	2	1	4
7	2	8	4	1	9	5	3	6

254.

1	9	5	7	8	3	6	4	2
2	3	8	1	4	6	7	9	5
4	6	7	5	9	2	8	3	1
5	1	6	2	3	7	9	8	4
7	4	9	8	6	1	5	2	3
8	2	3	9	5	4	1	6	7
9	5	2	4	7	8	3	1	6
3	7	1	6	2	9	4	5	8
6	8	4	3	1	5	2	7	9

257.

6	7	9	3	1	8	4	2	5
4	5	8	2	6	7	1	9	3
1	2	3	9	4	5	6	7	8
9	6	5	8	2	1	7	3	4
8	3	1	7	9	4	2	5	6
7	4	2	6	5	3	9	8	1
3	9	6	4	8	2	5	1	7
5	8	4	1	7	9	3	6	2
2	1	7	5	3	6	8	4	9

255.

4	1	5	3	6	9	7	8	2
2	7	3	1	8	4	9	5	6
6	8	9	7	2	5	1	3	4
1	2	8	5	3	7	6	4	9
5	3	6	4	9	2	8	7	1
7	9	4	8	1	6	5	2	3
3	5	1	6	4	8	2	9	7
9	6	7	2	5	3	4	1	8
8	4	2	9	7	1	3	6	5

258.

1	2	3	9	4	5	8	6	7
5	4	6	2	7	8	9	3	1
7	8	9	1	6	3	4	2	5
9	1	4	6	8	2	5	7	3
2	3	7	4	5	9	6	1	8
6	5	8	7	3	1	2	9	4
8	6	1	3	2	4	7	5	9
3	7	5	8	9	6	1	4	2
4	9	2	5	1	7	3	8	6

259.

7	1	4	3	8	5	2	9	6
8	5	9	2	6	7	1	3	4
3	6	2	9	1	4	8	7	5
5	9	7	8	4	1	6	2	3
1	4	6	7	2	3	5	8	9
2	8	3	6	5	9	4	1	7
6	7	5	1	9	8	3	4	2
4	3	1	5	7	2	9	6	8
9	2	8	4	3	6	7	5	1

260.

5	3	2	4	8	1	7	9	6
1	7	4	6	9	3	8	2	5
9	6	8	2	7	5	1	4	3
3	1	6	7	2	8	4	5	9
2	9	7	5	6	4	3	8	1
4	8	5	3	1	9	6	7	2
6	4	3	9	5	7	2	1	8
7	5	1	8	3	2	9	6	4
8	2	9	1	4	6	5	3	7

261.

7	3	4	2	5	1	6	8	9
1	8	5	6	9	4	3	2	7
2	6	9	7	8	3	4	1	5
3	7	1	4	6	9	2	5	8
6	5	8	1	2	7	9	3	4
4	9	2	5	3	8	1	7	6
5	4	3	8	1	6	7	9	2
8	1	6	9	7	2	5	4	3
9	2	7	3	4	5	8	6	1

262.

3	6	1	4	9	5	7	8	2
4	5	7	8	6	2	9	3	1
8	9	2	7	1	3	6	5	4
2	1	3	6	7	4	5	9	8
7	4	5	9	3	8	2	1	6
6	8	9	5	2	1	4	7	3
1	3	4	2	5	7	8	6	9
5	2	6	1	8	9	3	4	7
9	7	8	3	4	6	1	2	5

263.

7	5	9	3	2	8	6	4	1
3	8	6	4	1	7	5	9	2
4	1	2	5	9	6	3	7	8
2	6	8	9	3	1	7	5	4
5	7	4	6	8	2	1	3	9
1	9	3	7	5	4	8	2	6
8	4	7	2	6	3	9	1	5
6	2	5	1	7	9	4	8	3
9	3	1	8	4	5	2	6	7

264.

9	6	5	3	4	8	2	7	1
2	8	4	7	1	9	3	5	6
1	3	7	6	5	2	8	4	9
7	5	6	2	8	4	1	9	3
8	4	1	9	3	7	5	6	2
3	9	2	5	6	1	4	8	7
6	7	3	8	2	5	9	1	4
4	2	8	1	9	6	7	3	5
5	1	9	4	7	3	6	2	8

265.

7	8	3	4	6	9	5	1	2
5	4	1	8	7	2	3	6	9
6	2	9	5	3	1	4	8	7
2	3	7	1	8	4	6	9	5
4	9	8	3	5	6	2	7	1
1	5	6	2	9	7	8	4	3
8	7	2	9	4	5	1	3	6
3	6	5	7	1	8	9	2	4
9	1	4	6	2	3	7	5	8

268.

3	7	6	5	1	8	2	4	9
5	4	9	2	3	6	1	7	8
2	1	8	9	4	7	6	3	5
7	8	2	1	9	4	5	6	3
9	6	4	3	8	5	7	2	1
1	5	3	6	7	2	9	8	4
6	3	7	8	5	1	4	9	2
8	2	1	4	6	9	3	5	7
4	9	5	7	2	3	8	1	6

266.

5	9	1	7	3	6	8	2	4
8	3	7	2	4	9	6	1	5
6	2	4	8	1	5	9	7	3
2	6	9	5	8	3	7	4	1
7	4	3	1	6	2	5	8	9
1	5	8	9	7	4	2	3	6
3	7	5	4	9	8	1	6	2
4	8	2	6	5	1	3	9	7
9	1	6	3	2	7	4	5	8

269.

6	5	1	7	2	4	9	8	3
3	7	4	9	1	8	6	2	5
8	9	2	3	6	5	1	7	4
2	1	5	4	7	3	8	9	6
7	6	9	5	8	2	3	4	1
4	3	8	6	9	1	7	5	2
9	4	7	1	5	6	2	3	8
1	2	3	8	4	7	5	6	9
5	8	6	2	3	9	4	1	7

267.

2	3	1	8	6	5	9	7	4
8	9	4	7	3	1	5	6	2
7	6	5	4	2	9	8	3	1
1	4	2	3	5	6	7	8	9
9	8	6	2	4	7	1	5	3
3	5	7	9	1	8	2	4	6
6	7	9	1	8	4	3	2	5
4	2	8	5	9	3	6	1	7
5	1	3	6	7	2	4	9	8

270.

5	6	2	3	8	7	9	1	4
3	9	7	1	4	5	8	2	6
4	1	8	2	6	9	5	3	7
2	7	4	8	5	1	3	6	9
9	8	1	7	3	6	2	4	5
6	3	5	4	9	2	7	8	1
1	5	9	6	2	3	4	7	8
7	4	3	5	1	8	6	9	2
8	2	6	9	7	4	1	5	3

271.

1	9	5	4	8	3	7	2	6
4	2	6	7	1	5	8	9	3
7	8	3	2	9	6	1	5	4
3	7	8	1	2	9	4	6	5
2	5	4	3	6	7	9	1	8
6	1	9	8	5	4	3	7	2
5	6	7	9	3	8	2	4	1
8	4	1	5	7	2	6	3	9
9	3	2	6	4	1	5	8	7

272.

4	9	7	3	1	2	8	5	6
3	2	8	4	5	6	9	1	7
6	5	1	8	7	9	3	2	4
2	4	9	1	6	7	5	3	8
1	8	6	5	4	3	2	7	9
7	3	5	2	9	8	4	6	1
8	1	3	6	2	4	7	9	5
5	7	4	9	3	1	6	8	2
9	6	2	7	8	5	1	4	3

273.

1	9	6	7	3	2	4	5	8
3	8	5	9	4	6	7	1	2
7	4	2	8	5	1	6	9	3
4	5	3	1	9	7	2	8	6
9	6	1	2	8	4	5	3	7
2	7	8	5	6	3	1	4	9
8	1	9	6	7	5	3	2	4
6	2	4	3	1	8	9	7	5
5	3	7	4	2	9	8	6	1

274.

4	6	2	7	9	1	3	5	8
9	5	3	8	2	6	1	4	7
7	1	8	5	4	3	9	2	6
2	9	6	3	1	8	4	7	5
1	4	7	2	5	9	6	8	3
8	3	5	6	7	4	2	9	1
6	2	4	1	8	7	5	3	9
3	7	9	4	6	5	8	1	2
5	8	1	9	3	2	7	6	4

275.

8	7	6	4	2	9	1	3	5
5	2	9	3	1	7	8	6	4
3	4	1	6	8	5	2	7	9
6	1	7	5	4	2	3	9	8
4	8	2	7	9	3	6	5	1
9	5	3	1	6	8	7	4	2
2	6	8	9	3	4	5	1	7
1	9	5	2	7	6	4	8	3
7	3	4	8	5	1	9	2	6

276.

9	3	2	6	4	1	5	8	7
8	4	1	5	7	2	6	3	9
5	6	7	9	3	8	2	4	1
6	1	9	8	5	4	3	7	2
2	5	4	3	6	7	9	1	8
3	7	8	1	2	9	4	6	5
7	8	3	2	9	6	1	5	4
4	2	6	7	1	5	8	9	3
1	9	5	4	8	3	7	2	6

277.

9	4	2	8	5	7	1	6	3
1	7	6	3	4	2	5	8	9
5	3	8	6	9	1	4	2	7
4	6	5	9	1	3	8	7	2
2	8	3	7	6	5	9	1	4
7	1	9	4	2	8	3	5	6
6	5	7	1	3	4	2	9	8
3	9	1	2	8	6	7	4	5
8	2	4	5	7	9	6	3	1

280.

1	8	4	9	3	7	6	5	2
5	3	2	6	4	8	1	9	7
9	6	7	1	5	2	3	4	8
4	5	8	7	6	9	2	3	1
6	2	3	8	1	5	4	7	9
7	9	1	3	2	4	5	8	6
8	4	6	2	9	3	7	1	5
2	7	5	4	8	1	9	6	3
3	1	9	5	7	6	8	2	4

278.

3	9	4	5	1	6	8	2	7
5	7	8	3	4	2	9	1	6
6	1	2	9	8	7	3	5	4
8	5	9	7	2	4	6	3	1
4	2	7	1	6	3	5	9	8
1	3	6	8	5	9	4	7	2
2	6	3	4	9	1	7	8	5
7	8	1	6	3	5	2	4	9
9	4	5	2	7	8	1	6	3

281.

6	2	4	9	3	8	5	7	1
1	5	7	4	2	6	3	8	9
3	8	9	1	5	7	6	4	2
9	7	8	5	6	4	1	2	3
2	4	1	7	9	3	8	6	5
5	6	3	2	8	1	4	9	7
7	1	6	3	4	9	2	5	8
8	9	5	6	1	2	7	3	4
4	3	2	8	7	5	9	1	5

279.

1	3	8	5	4	9	7	6	2
7	6	4	2	3	1	5	9	8
2	9	5	7	6	8	3	1	4
3	5	2	1	7	4	6	8	9
6	7	9	8	2	3	4	5	1
8	4	1	9	5	6	2	3	7
5	8	6	4	9	2	1	7	3
4	1	7	3	8	5	9	2	6
9	2	3	6	1	7	8	4	5

282.

9	7	3	4	1	2	5	6	8
1	2	5	7	6	8	3	9	4
8	6	4	9	3	5	2	7	1
6	4	9	3	2	1	8	5	7
5	3	7	8	9	4	1	2	6
2	1	8	6	5	7	4	3	9
7	5	1	2	4	9	6	8	3
3	8	2	1	7	6	9	4	5
4	9	6	5	8	3	7	1	2

283.

7	4	1	2	3	5	9	6	8
2	8	9	1	6	7	4	3	5
3	6	5	8	9	4	2	7	1
4	9	6	5	7	8	1	2	3
8	5	2	3	1	9	6	4	7
1	3	7	4	2	6	8	5	9
9	1	3	7	4	2	5	8	6
5	7	4	6	8	1	3	9	2
6	2	8	9	5	3	7	1	4

284.

7	4	5	8	3	2	9	1	6
2	1	9	6	7	5	3	8	4
8	6	3	4	9	1	2	5	7
3	8	1	4	5	9	7	6	2
9	5	2	7	8	6	1	4	3
4	7	6	1	2	3	8	9	5
1	2	7	9	5	4	6	3	8
6	3	4	2	1	8	5	7	9
5	9	8	3	6	7	4	2	1

285.

7	1	3	4	5	2	6	9	8
2	8	9	7	3	6	5	4	1
4	6	5	9	1	8	3	2	7
9	2	1	3	6	7	8	5	4
8	3	6	5	4	9	7	1	2
5	4	7	2	8	1	9	3	6
1	5	2	8	7	3	4	6	9
3	9	8	6	2	4	1	7	5
6	7	4	1	9	5	2	8	3

286.

1	3	2	8	6	4	9	7	5
5	4	7	1	3	9	6	8	2
9	8	6	5	7	2	4	3	1
3	7	5	4	9	8	1	2	6
8	9	1	3	2	6	7	5	4
6	2	4	7	5	1	8	9	3
7	6	8	2	4	3	5	1	9
2	1	9	6	8	5	3	4	7
4	5	3	9	1	7	2	6	8

287.

6	1	2	8	9	3	5	4	7
5	3	4	6	2	7	9	8	1
8	7	9	5	1	4	6	3	2
4	5	8	9	7	1	3	2	6
2	6	7	3	4	8	1	5	9
1	9	3	2	5	6	7	4	8
9	2	1	7	8	5	4	6	3
3	8	5	4	6	9	2	1	7
7	4	6	1	3	2	8	9	5

288.

8	3	2	4	1	9	7	6	5
5	6	4	2	8	7	3	9	1
7	1	9	5	3	6	2	4	8
6	9	1	8	7	5	4	3	2
3	4	7	1	9	2	8	5	6
2	8	5	3	6	4	1	7	9
4	5	6	7	2	8	9	1	3
9	2	3	6	4	1	5	8	7
1	7	8	9	5	3	6	2	4

289.

8	7	5	9	6	1	3	4	2
1	2	3	7	8	4	9	5	6
4	9	6	3	5	2	1	7	8
7	4	8	6	1	3	2	9	5
6	3	1	5	2	9	4	8	7
9	5	2	8	4	7	6	3	1
3	8	9	1	7	6	5	2	4
5	6	4	2	3	8	7	1	9
2	1	7	4	9	5	8	6	3

290.

2	8	7	6	4	1	9	3	5
3	1	5	7	2	9	6	4	8
6	4	9	8	5	3	7	2	1
1	5	2	4	8	6	3	9	7
7	3	6	1	9	5	2	8	4
8	9	4	2	3	7	5	1	6
4	6	3	5	1	2	8	7	9
9	7	8	3	6	4	1	5	2
5	2	1	9	7	8	4	6	3

291.

3	4	9	7	2	8	6	1	5
6	7	8	5	1	3	4	9	2
2	1	5	9	4	6	7	3	8
7	6	1	2	8	5	3	4	9
9	8	2	1	3	4	5	6	7
5	3	4	6	7	9	8	2	1
1	9	6	3	5	7	2	8	4
4	2	7	8	6	1	9	5	3
8	5	3	4	9	2	1	7	6

292.

7	2	4	3	5	6	8	9	1
5	8	9	7	4	1	2	6	3
1	3	6	9	8	2	7	5	4
9	7	8	1	6	4	5	3	2
4	6	3	2	7	5	9	1	8
2	5	1	8	9	3	4	7	6
3	9	2	4	1	7	6	8	5
6	1	7	5	2	8	3	4	9
8	4	5	6	3	9	1	2	7

293.

2	6	4	1	8	9	3	7	5
7	8	5	3	6	4	2	1	9
9	3	1	7	5	2	4	8	6
4	1	2	5	8	9	6	3	7
3	6	5	2	1	7	8	9	4
8	7	9	6	4	3	1	5	2
1	9	3	4	7	6	5	2	8
6	2	7	8	3	5	9	4	1
5	4	8	9	2	1	7	6	3

294.

9	8	1	2	4	6	7	3	5
5	3	6	8	1	7	4	9	2
7	4	2	3	5	9	6	1	8
2	1	4	6	3	5	8	7	9
6	7	3	4	9	8	2	5	1
8	5	9	1	7	2	3	4	6
4	2	5	7	8	1	9	6	3
1	6	7	9	2	3	5	8	4
3	9	8	5	6	4	1	2	7

295.

7	5	9	4	3	2	1	6	8
6	3	1	8	5	9	4	7	2
8	4	2	1	7	6	3	9	5
1	8	5	6	4	7	2	3	9
2	6	7	3	9	1	5	8	4
4	9	3	5	2	8	6	1	7
3	7	8	2	6	4	9	5	1
5	1	4	9	8	3	7	2	6
9	2	6	7	1	5	8	4	3

297.

7	2	4	1	8	3	6	9	5
8	5	1	6	9	4	2	3	7
3	6	9	7	2	5	8	4	1
9	4	7	8	3	1	5	6	2
5	3	8	4	6	2	1	7	9
6	1	2	5	7	9	4	8	3
2	6	9	3	5	8	7	1	4
4	8	5	9	1	7	3	2	6
1	7	3	2	4	6	9	5	8

296.

8	5	7	6	1	2	9	3	4
6	9	1	4	5	3	8	2	7
3	4	2	8	9	7	6	5	1
7	6	9	5	4	1	3	8	2
2	8	5	3	7	9	4	1	6
1	3	4	2	6	8	7	9	5
9	7	6	1	8	5	2	4	3
5	2	8	7	3	4	1	6	9
4	1	3	9	2	6	5	7	8

图书在版编目(CIP)数据

烧脑天团：好玩到停不下来的数独游戏 / 李洁著 . —北京：中国法制出版社，2019.5

ISBN 978-7-5216-0151-0

Ⅰ. ①烧…　Ⅱ. ①李…　Ⅲ. ①智力游戏　Ⅳ. ① G898.2

中国版本图书馆 CIP 数据核字（2019）第 071549 号

策划编辑：李佳（amberlee2014@126.com）　　本书图片提供：shutterstock

责任编辑：李佳　刘阳　　封面设计：古涧千溪

烧脑天团：好玩到停不下来的数独游戏

SHAONAO TIANTUAN：HAOWAN DAO TING BU XIALAI DE SHUDU YOUXI

著者 / 李洁

经销 / 新华书店

印刷 / 三河市国英印务有限公司

开本 / 880 毫米 ×1230 毫米　32 开　　印张 / 7.75　字数 / 124 千

版次 / 2019 年 5 月第 1 版　　2019 年 5 月第 1 次印刷

中国法制出版社出版

书号 ISBN 978-7-5216-0151-0　　定价：36.00 元

北京西单横二条 2 号　邮政编码 100031　　传真：010-66031119

网址：http://www.zgfzs.com　　**编辑部电话：010-66054911**

市场营销部电话：010-66033393　　**邮购部电话：010-66033288**

（如有印装质量问题，请与本社印务部联系调换。电话：010-66032926）